CROSSWORDS

Dr Gareth Moore B.Sc (Hons) M.Phil Ph.D is the internationally best-selling author of a wide range of brain-training and puzzle books for both children and adults, including *Enigma: Crack the Code, Ultimate Dot to Dot, Brain Games for Clever Kids, Lateral Logic* and *Extreme Mazes*. His books have sold millions of copies in the UK alone, and have been published in over thirty different languages. He is also the creator of online brain-training site BrainedUp.com, and runs the daily puzzle site PuzzleMix.com.

Find him online at DrGarethMoore.com.

CROSSWORDS

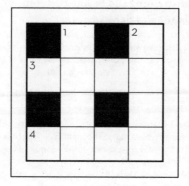

Dr Gareth Moore

Michael O'Mara Books Limited

First published in Great Britain in 2022 by
Michael O'Mara Books Limited
9 Lion Yard
Tremadoc Road
London SW4 7NQ

A CIP catalogue record for this book is available from the British Library.

Papers used by Michael O'Mara Books Limited are natural, recyclable products made
from wood grown in sustainable forests. The manufacturing processes conform to the
environmental regulations of the country of origin.

ISBN: 978-1-78929-418-7 in paperback print format

1 2 3 4 5 6 7 8 9 10

Designed by Gareth Moore

Printed and bound by CPI Group (UK) Ltd, Croydon, CR0 4YY

www.mombooks.com

Crossword 1

Across
1 Love affair (7)
5 Two-masted sailing boat (5)
9 Generous and benevolent (13)
10 Continues (8)
11 Body area between ribs and hips (4)
12 Servant (9)
16 Simple ear decoration (4)
17 Forcing water through (8)
19 Subtle (13)
21 Casual comment (5)
22 Amounts owed (7)

Down
2 Not these (6)
3 Assigned (9)
4 Kayak (5)
6 Id counterpart (3)
7 Arts journalist, perhaps (6)
8 Ran after (6)
11 Midday meal interval (9)
13 Completely erase (6)
14 Postage tokens (6)
15 Elk's weapon (6)
18 Situated above something else (5)
20 Conclusion (3)

Across

7 Of very great size (7)
9 Type of poplar (5)
10 Blunder (3)
11 The period taken by a process (9)
12 Receded (5)
14 Never dating (7)
16 Failure to attend (7)
18 Zest (5)
19 Prints (9)
20 Groovy (3)
21 Flow control (5)
22 On-screen cursor (7)

Down

1 And so on (2,6)
2 Mix with a spoon (4)
3 Conjoined (6)
4 Pester (6)
5 Audio monitors (8)
6 Leg joint (4)
8 Camaraderie (11)
13 Game with a diamond-shaped circuit (8)
15 High-handedness (8)
17 Less experienced (6)
18 Tittle-tattle (6)
19 Lay a covering over (4)
20 Is the right size (4)

Crossword 3

Across
8 Trash (7)
9 Additional (5)
10 Live (5)
11 Dwell in (7)
12 Raising agent (6,6)
16 Impossible to control (12)
20 Believed (7)
23 Faithful (5)
24 Nine-voice group (5)
25 Motors (7)

Down
1 Concur (5)
2 Together (3,2,3)
3 Rum cocktail (3,3)
4 Just before the final? (4)
5 Electronic dance genre (6)
6 Butt (4)
7 Those killed for religious beliefs (7)
13 Choke (3)
14 Holding back (8)
15 Green skill (7)
17 Periods between sunset and sunrise (6)
18 Claim (6)
19 Glorify (5)
21 Possesses (4)
22 Bound (4)

Across

1 Top ratings? (4)
4 Climbing up on to (8)
8 Insist upon (6)
9 Discussion (6)
10 Breathe hard (4)
11 Armed flying service (3,5)
13 Comparable (13)
16 Approximate amount (8)
19 Collections (4)
20 Worldwide (6)
22 Dress in vestments (6)
23 Begin shooting (4,4)
24 Noticed (4)

Down

2 Lifts (9)
3 Appetizer (7)
4 Means of mass communication (5)
5 Experience (7)
6 Sacrosanct (5)
7 Edible kernel (3)
12 Royal castle governor (9)
14 Lacking depth (7)
15 Arid areas (7)
17 Inspire (5)
18 Nail-file material (5)
21 Flower garland (3)

Across
7 Oblige (6)
8 Forceful forward flow (6)
9 Lay eyes on (4)
10 Team leaders (8)
11 Detailed knowledge (11)
14 Opposing social reform (11)
18 Withdraws (8)
19 Nap (4)
20 Red fruit, often eaten as a vegetable (6)
21 Pester (6)

Down
1 Seaside (7)
2 Active (4)
3 Graduates (6)
4 Earlier (6)
5 Scare (8)
6 Visitors to a website (5)
12 Frozen dessert (3,5)
13 Fine, light rain (7)
15 Nest-invading bird (6)
16 Overcome with madness (6)
17 Established truth (5)
19 Membership fees (4)

Across

1 Economizes (7)
5 Babies' beds (5)
9 Make good on a commitment (6,7)
10 Absolute ruler (8)
11 Stave identifier (4)
12 Public message (9)
16 Turned around quickly (4)
17 Made (8)
19 Tree with large, spiky seed cases (5,8)
21 Assists in wrongdoing (5)
22 Strongly committed (4,3)

Down

2 Refrain (6)
3 Acquired by improper means (3-6)
4 Strength (5)
6 Greek letter similar to 'P' (3)
7 Larger (6)
8 Repeating sound pattern (6)
11 Led the orchestra (9)
13 Subjects (6)
14 Self-assurance (6)
15 Reason out (6)
18 Corpulent (5)
20 Regular drunkard (3)

Crossword 7

Across
1 Grind teeth (5)
4 Possibly (7)
9 Expectant (8)
10 One telling untruths (4)
11 Take back (6)
12 Overturn (5)
13 Responsibility (4)
15 Chinese life force (3)
16 Pre-Euro Italian money (4)
17 Slumber (5)
19 Grammar (6)
21 Small, black-and-white whale (4)
22 Annoying person (8)
23 Nearest (7)
24 Minds (5)

Down
2 Someone trained to look after the sick (5)
3 Communicates with gestures (7)
5 Ardent (12)
6 Flaws, as in arguments (5)
7 Church book (7)
8 Contestants (12)
14 Nasal opening (7)
16 Series of joins (7)
18 Formal quizzes (5)
20 Rainbow-shaped (5)

Crossword 8

Across
1 Cardiac arrest (5,6)
9 Currently doing (2,3,6,2)
10 Enveloped (8)
12 Taunt (4)
14 Step (5)
15 Command (5)
19 'Excuse me' (4)
20 Twice the radius, in geometry (8)
22 Relating to gardening (13)
24 Kill by electricity (11)

Down
2 Chew and swallow (3)
3 Bombast (8)
4 Develops (6)
5 It goes in and out (4)
6 Most intelligent (9)
7 Ate in a restaurant, perhaps (5)
8 Blazing, literarily (5)
11 Principal church (9)
13 Theatrical (8)
16 Marina vessel (5)
17 Distilled alcohol (6)
18 Boring tool (5)
21 Metal with atomic number 30 (4)
23 Large, mouse-like rodent (3)

Across
7 French country house (7)
9 Form of oxygen (5)
10 Purpose (3)
11 Occupiers (9)
12 Coastal sea danger (5)
14 Laid bare (7)
16 Japanese feudal warrior (7)
18 Penalties (5)
19 Limited to local concerns (9)
20 Letter before theta (3)
21 Relating to the nose (5)
22 Zealot (7)

Down
1 Obtains (8)
2 Title (4)
3 Becomes aware of (6)
4 Delay (4-2)
5 Occurrences (6-2)
6 Makes cat sounds (4)
8 Not precisely given (11)
13 Include (8)
15 Throws away (8)
17 Remember (6)
18 Purify (6)
19 Beer measure (4)
20 Periods of time (4)

Crossword 10

Across

8 Arms (7)
9 Excited exclamation (5)
10 Manufacturer (5)
11 Educates (7)
12 Ultimate ideal (4,8)
16 Numeric constants (12)
20 Perform, as in instructions (7)
23 Walked back and forth (5)
24 One who steals (5)
25 Crop gathering (7)

Down

1 Moves through water (5)
2 Resolve (8)
3 Flowed out (6)
4 Egyptian cobras (4)
5 Dash (6)
6 Frighten off (4)
7 On the surface (7)
13 Facial spasm (3)
14 Written pieces (8)
15 Speech patterns (7)
17 Downy (6)
18 Dominion of states under one ruler (6)
19 Amends (5)
21 Malevolence (4)
22 Say again (4)

Crossword 11

Across

7 Surroundings (6)
8 New (6)
9 Rub down (4)
10 Across-the-board (8)
11 Comprises (11)
14 Deliberate miss that threatens trouble (7,4)
18 Toddler's pedal vehicle (8)
19 Marshy area (4)
20 Stay attached (6)
21 Expunges (6)

Down

1 Microchip element (7)
2 Political assistant (4)
3 Mixed cereal breakfast (6)
4 Department (6)
5 Prevent from being reported, as information (8)
6 Tiny, informally (5)
12 Looks; hunts (8)
13 Origins (7)
15 Core parts (6)
16 Required (6)
17 Wear away (5)
19 Alcoholic honey drink (4)

Crossword 12

Across

1 Recreation (5)
4 Incomplete (7)
9 Clear (8)
10 Lean (4)
11 Wild Asian sheep (6)
12 Go up in value (5)
13 Employs (4)
15 Not well (3)
16 Contract a muscle (4)
17 Eastern verse type (5)
19 Extreme fear (6)
21 Verbal (4)
22 Spoken words (8)
23 Farewell (7)
24 Canonized person (5)

Down

2 Previous (5)
3 Codes of ceremonies (7)
5 Giving voice to (12)
6 All together, in music (5)
7 Friendly (7)
8 Separately (12)
14 Playful composition (7)
16 Mathematical rule expressed with symbols (7)
18 Kept an engine running, out of gear (5)
20 Church keyboard (5)

Crossword 13

Across
1 Someone keen not to stay too long at work (5-7)
8 Made a brief record of (5)
9 Bluster (7)
10 Broadcast (4)
11 Confine (8)
14 Tremble (6)
15 Bush expedition (6)
17 At the same time (8)
18 Indian butter (4)
20 Unified state (7)
22 Group of eight things (5)
23 Behaving like a dignified ruler (12)

Down
1 Dialogue (12)
2 Getting hold of (9)
3 Children (4)
4 Photo collections (6)
5 Meeting leader (8)
6 Period of history (3)
7 Happening by chance (12)
12 Common type of pasta (9)
13 Plumage (8)
16 Muddled (6)
19 Planetary satellite (4)
21 A talent for music or language (3)

Across

7 Short spiral pasta (7)
9 Become subject to (5)
10 Preceding day (3)
11 Ruthless (3-3-3)
12 Propel (5)
14 Non-professional (7)
16 Square pasta parcels (7)
18 Tiny arachnids (5)
19 Barge in (9)
20 Before the present (3)
21 More powdery (5)
22 Biblical letter (7)

Down

1 Felon (8)
2 Atoll (4)
3 Solemn promise (6)
4 Large, chirruping insect (6)
5 Critical trial step (4,4)
6 Potential pond resident (4)
8 Lack of graciousness (11)
13 Tempting (8)
15 Repaired (8)
17 Planetarium (6)
18 Dystopian sci-fi film, *The* ___ (6)
19 Dubious, informally (4)
20 Opposed to (4)

Crossword 15

Across
1 Tiled picture (6)
5 At will (6)
8 Famous actor (4)
9 Drivel (8)
10 Itchy (8)
11 Twelve o'clock (4)
12 Extremely inebriated (slang) (6)
14 Bar the situation where (6)
16 Short branch road (4)
18 Deteriorating (8)
20 A polite apology (6,2)
21 Solely (4)
22 Lattices (6)
23 Mate (6)

Down
2 Visual (7)
3 Main bodily artery (5)
4 The state of being aware (13)
5 Unethical practices (5,8)
6 Everlasting (7)
7 Cattle-catching noose (5)
13 Via (7)
15 Ones (7)
17 Small fairy (5)
19 Camera image (5)

Crossword 16

Across

1 Without any question (6,5)
9 Furniture for documents (6,7)
10 Frightening (8)
12 A mark from a wound (4)
14 Dazes (5)
15 Baby's potential affliction (5)
19 Nasty person (4)
20 Hold back (8)
22 Description (13)
24 Founded (11)

Down

2 Elongated fish (3)
3 Salve (8)
4 Respectable (6)
5 Spherical bodies (4)
6 Type of white porcelain (4,5)
7 Butcher's leftovers (5)
8 Tale (5)
11 Lawyers (9)
13 Represents (8)
16 Stallion (5)
17 In the air (6)
18 Upright (2,3)
21 Self-important person (4)
23 Wrath (3)

Across
1 Curved fruit (7)
5 Swallow liquid (5)
9 Nuclear emissions (13)
10 Involving little stress (8)
11 They're used to row a boat (4)
12 Pushes into a lower position (9)
16 Hang around (4)
17 Internal armed conflict (5,3)
19 Without direct control (13)
21 Sacred song (5)
22 Taking a break (7)

Down
2 Online user's self-image (6)
3 Celestial conjunction (9)
4 Conscious (5)
6 Pump an accelerator (3)
7 Authorized document certifier (6)
8 Equilibrium (6)
11 Puts too much into (9)
13 Ethnological (6)
14 Moral standards (6)
15 Collapse, as a roof eg (4,2)
18 'Behold!' (5)
20 Vegetable or palm, eg (3)

Crossword 18

Across
1 Larva (4)
4 Deserts (8)
8 Serviceable (6)
9 Edible tuber (6)
10 Concept (4)
11 Costume department (8)
13 Regrettably (13)
16 Used again (8)
19 Freezes over (4)
20 Italian sausage variety (6)
22 Compact mountain group (6)
23 Alleys (8)
24 Beijing money (4)

Down
2 Home (9)
3 Large wild ox (7)
4 Lit-up (5)
5 Pain-relief tablet (7)
6 Discourage (5)
7 Bad hair discovery? (3)
12 Female dancer (9)
14 Speaking (7)
15 Wanting a drink (7)
17 'A very long time' (5)
18 Jettisons (5)
21 'I've got it!' (3)

Crossword 19

Across

7 Plug holder (6)
8 Small, crawling insect with pincers (6)
9 Simple aquatic plant (4)
10 Viola stave marking (4,4)
11 Creativity (11)
14 Accusations (11)
18 Ceased to be there (8)
19 Skin-loving insects (4)
20 Develop over time (6)
21 Return to an earlier state (6)

Down

1 Vehicle light used in misty conditions (3,4)
2 Pod vegetable, sometimes deep-fried (4)
3 Achieve (6)
4 Group of six (6)
5 Speared vegetable (8)
6 Bogs down (5)
12 Credulous (8)
13 Mythical, one-horned animal (7)
15 Repeated back (6)
16 Common trees of the birch family (6)
17 Grub (5)
19 Additional subscription fee (4)

Crossword 20

Across
1 Forgotten (12)
8 Young bird (5)
9 Certificate (7)
10 Snug retreat (4)
11 Indian prince (8)
14 Sloping font (6)
15 Without being asked (2,4)
17 Invention (8)
18 Baby napkins (4)
20 Apprehensive (7)
22 Discharge slowly (5)
23 At odds (12)

Down
1 Not persuasive (12)
2 Restore to a former position (9)
3 Cause to exist (4)
4 Noon (6)
5 Clarifies (8)
6 Guitar-based popular music (3)
7 Financial summary (7,5)
12 Volume (9)
13 Genius performer (8)
16 Unpleasant sounds (6)
19 Humbly asks (4)
21 Exercise on a treadmill, perhaps (3)

Crossword 21

Across
1 Uniformity (11)
9 Praiseful (13)
10 Shrill, high-pitched sounds (8)
12 Swill (4)
14 Mistake (5)
15 Massive (5)
19 Short letter (4)
20 Official printed matter (8)
22 Region served by an institution (9,4)
24 Sets up (11)

Down
2 Unit with symbol omega (3)
3 Answer (8)
4 Warmest part of the year (6)
5 Time units of a billion years (4)
6 Confront (9)
7 Frown (5)
8 Slender woman (5)
11 Annoys (9)
13 Locates (8)
16 Chilled (2,3)
17 Of the north (6)
18 Wander (5)
21 Command to halt a horse (4)
23 Bewail (3)

Across

1 Rumba-like Latin-American dance (5)
4 Seven-piece shape puzzle (7)
9 To a degree (8)
10 Monastery resident (4)
11 Cause; reason (6)
12 Primitive (5)
13 Waffles (4)
15 Spicy (3)
16 Deities (4)
17 Relating to a sovereign (5)
19 Give way under pressure (4,2)
21 Privy to, as in a secret (2,2)
22 Outer (8)
23 Endure (7)
24 Very pale, as with fright (5)

Down

2 Wafting scent (5)
3 Movements of air in the lungs (7)
5 Accuracy; truth (12)
6 *Halo* fan? (5)
7 Peeved (7)
8 Investors (12)
14 Organize (7)
16 Rules (7)
18 Jerks (5)
20 Fuming (5)

Crossword 23

Across
- **1** Malt beverages (4)
- **4** Dwells (8)
- **8** Quantity (6)
- **9** Foreigners (6)
- **10** Wild guess (4)
- **11** Bleach (8)
- **13** Decline (13)
- **16** Coffee shot (8)
- **19** Aftersun treatment (4)
- **20** Toasted Italian sandwiches (6)
- **22** From oranges or lemons (6)
- **23** Juvenile person (8)
- **24** Coarse metal file (4)

Down
- **2** Boundless (9)
- **3** Trip (7)
- **4** Following on behind (2,3)
- **5** Weighing more (7)
- **6** Salt water (5)
- **7** Can (3)
- **12** Efficiencies (9)
- **14** Supplying (7)
- **15** Device for grilling bread (7)
- **17** Rule as monarch (5)
- **18** Type of aquarium cichlid fish (5)
- **21** Do an impression of (3)

Crossword 24

Across
1 Relating to milk (6)
5 Periphery (6)
8 Soft body powder (4)
9 Pastor (8)
10 Rampant fear (8)
11 Consumes (4)
12 Stick on (6)
14 Background actors (6)
16 Vocal range (4)
18 Air is mostly this (8)
20 University study class (8)
21 Letter after theta (4)
22 Possible effect of a long flight (3,3)
23 Cedes (6)

Down
2 Financial researcher (7)
3 Implied (5)
4 Understanding (13)
5 Basically (13)
6 Look at closely (7)
7 Someone staying in a hotel (5)
13 Mexican salamander (7)
15 Assisted with a crime (7)
17 Contemptible person (5)
19 Small, black, oval fruit (5)

Crossword 25

Across
- **8** Concoction (7)
- **9** Wide range (5)
- **10** Feeble or pathetic thing, informally (5)
- **11** Continue doing (5,2)
- **12** Disloyally (12)
- **16** Environment (12)
- **20** Grant permission (7)
- **23** Michaelmas daisy genus (5)
- **24** Exhibited (5)
- **25** Flower on a fruit tree (7)

Down
- **1** Hint at (5)
- **2** Test reviewer (8)
- **3** Game bird, ___ fowl (6)
- **4** Dampens (4)
- **5** Import duty (6)
- **6** Hike (4)
- **7** Equivalent word (7)
- **13** Downing Street address (3)
- **14** Least heavy (8)
- **15** Futile (7)
- **17** Having (6)
- **18** Back to back (2,1,3)
- **19** Theatrical play (5)
- **21** Chef (4)
- **22** Tide movements out to sea (4)

Across

7 End-of-line stations (7)
9 Sphere of activity (5)
10 Yellow and white source of protein (3)
11 Sleuth (9)
12 Serious and unrelenting (5)
14 Crazy person (7)
16 Lurch (7)
18 A cook's protective garment (5)
19 The state of living (9)
20 Rocky pinnacle (3)
21 Location (5)
22 Runs out (7)

Down

1 Accents (8)
2 Escarpment (4)
3 Concealed (6)
4 Small bird of prey (6)
5 Official list of names (8)
6 Become dim (4)
8 Lack of acceptance of alternative views (11)
13 Dodges (8)
15 Brightness companion? (8)
17 Amass (6)
18 Musical speed reversion (1,5)
19 Jealousy (4)
20 Grassed earth (4)

Crossword 27

Across
7 Type of classical music form (6)
8 In power (6)
9 Sketch (4)
10 Dimming (8)
11 Visually striking (3-8)
14 Inference (11)
18 Ameliorated (8)
19 Cheats, informally (4)
20 Uncover (6)
21 Table handkerchief (6)

Down
1 Long-tailed primates (7)
2 Speedy (4)
3 Money case (6)
4 Development (6)
5 Woodwind instrument (8)
6 Absurd (5)
12 Assembler (8)
13 Small toothed whale (7)
15 Evens (6)
16 Writing programs (6)
17 Visual groove (5)
19 Spaces (4)

Crossword 28

Across

1 Extent (5)
4 Litter (7)
9 Indian ruler's wife, historically (8)
10 iPhone app symbol (4)
11 Ball (6)
12 Bad deeds (5)
13 Fetches (4)
15 Haircuts, informally (3)
16 Edible Pacific tuber (4)
17 Extremely energetic (5)
19 Musical motifs (6)
21 Before long (4)
22 Expulsion (8)
23 Sweet course (7)
24 Avoids work (5)

Down

2 Restrict (5)
3 Orbiting celestial bodies (7)
5 Colleges (12)
6 Pancakes served with sour cream (5)
7 Commercial backer (7)
8 January to December (8,4)
14 Make better (7)
16 Took out to dinner, eg (7)
18 Puffs (5)
20 Run away in love (5)

Crossword 29

Across

1 Signal transfer (12)
8 Most frequent values in data sets (5)
9 Paper-folding art (7)
10 Female sheep (4)
11 Trouble (8)
14 Attack (6)
15 Autobiography (6)
17 Applying changes (8)
18 Shower (4)
20 Large retail outlets (7)
22 Proof of being elsewhere (5)
23 At a constant ratio (12)

Down

1 Heat readings (12)
2 With a destination written on (9)
3 Neither good nor bad (2-2)
4 Wry (6)
5 Substitutes (8)
6 A woman's reproductive cells (3)
7 Distinctive; discriminating (12)
12 Separation (9)
13 Decorative paper (4,4)
16 Not sporting (6)
19 Cab (4)
21 For each (3)

Across
1 Musical movement (4)
4 Living in trees (8)
8 Put an end to (6)
9 Linger about (6)
10 Egg cell (4)
11 Elemental scientists (8)
13 Employment perk (6,7)
16 Incredibly cute (8)
19 Well behaved (4)
20 Deciduous flowering shrub (6)
22 Noble (6)
23 Military members (8)
24 Hindu health discipline (4)

Down
2 Was cured (9)
3 Seat containing a storage space (7)
4 Off the cuff (2,3)
5 Accept (7)
6 Healing-hands therapy (5)
7 Expert (3)
12 Making fitting clothes (9)
14 Hug (7)
15 With enthusiasm (7)
17 Governed (5)
18 Spiritual character of a group (5)
21 Animal park (3)

Across

7 Pundits (7)
9 Hurried (5)
10 It's used for boring small holes (3)
11 Intermediate (2-7)
12 Statues of gods (5)
14 Row of on-screen buttons (7)
16 Disregard (7)
18 Inscribed column (5)
19 Crowded with traffic (9)
20 Male equivalent of 'her' (3)
21 Undo a dress, perhaps (5)
22 Hand over (7)

Down

1 Special event (8)
2 Large mound (4)
3 Apes (6)
4 Depressed area (6)
5 Gather (8)
6 Anthem (4)
8 Replaced (11)
13 Set up (8)
15 Give comfort (8)
17 Free from an obligation (6)
18 Bicycle seat (6)
19 Military takeover (4)
20 Place where bees live (4)

Crossword 32

Across

8 Brass instrument (7)
9 Likeness (5)
10 Come to maturity (5)
11 Impartial (7)
12 Independent state (12)
16 Interruption (12)
20 Partly cover (7)
23 Drug recovery course (5)
24 Quit (5)
25 Show (7)

Down

1 First square on a board game (5)
2 'Straight away!' (4,2,2)
3 Name formed from a name (6)
4 Astound (4)
5 Handle incorrectly (6)
6 Free from bias (4)
7 Good for you (7)
13 Born (3)
14 Inadequacy in a rule (8)
15 Marriage dissolution (7)
17 Assistance (6)
18 Flog (6)
19 Does what they're told (5)
21 Enthusiasm (4)
22 Herds of whales (4)

Across
1 Rich, moist cake (6)
5 Animosity (6)
8 4,840 square yards (4)
9 Removing dirt (8)
10 Might be horse? (8)
11 Starts a golf round, with 'off' (4)
12 Substance with pH greater than 7 (6)
14 Sudden arrival (6)
16 Petty quarrel (4)
18 Ripe for picking (2,6)
20 Tropical pink bird (8)
21 Small, mosquito-like fly (4)
22 Of the mind (6)
23 Young cat (6)

Down
2 Intoxicating drink (7)
3 Levels (5)
4 Absolute (13)
5 Physical convulsion due to the flow of current (8,5)
6 Mutant (7)
7 Taut (5)
13 Try (7)
15 Holding space (7)
17 Chickpea or lentil (5)
19 Anxiety (5)

Crossword 34

Across
1 Edible seed container (5)
4 Akin (7)
9 Collide with (4,4)
10 Rash symptom (4)
11 Accusation (6)
12 Residences (5)
13 Units represented by an omega (4)
15 Average (3)
16 Boys (4)
17 Really surprise (5)
19 Beginning (6)
21 Noon, in French (4)
22 Roundabout (8)
23 Pays no attention to (7)
24 Cunningly (5)

Down
2 Coarse (5)
3 Brings into a country (7)
5 That is to say (2,5,5)
6 Turn of phrase (5)
7 Blamed someone for something (7)
8 Expository (12)
14 Course; aim (7)
16 To the side (7)
18 Mexican friend (5)
20 Perform exceptionally well (5)

Across

7 Smoothly, in music (6)
8 Warden (6)
9 Gross; unpleasant (4)
10 Combat without mercy (5,3)
11 Boy or girl in full-time education (11)
14 Inclined to explore (11)
18 Establishing (8)
19 Ills (4)
20 Not inclined (6)
21 Gorgeous (6)

Down

1 Show-off (7)
2 Feckless (4)
3 Subject to death (6)
4 Draw (6)
5 Relating to a mobile phone system (8)
6 Summarize (5)
12 Commonplace (8)
13 Panacea (4-3)
15 Amended (6)
16 Two-way switch (6)
17 Find the answer (5)
19 Braided (4)

Across
1 Graven image (4)
4 Outfitted (8)
8 Buffoons (6)
9 Criticizes (6)
10 At any time (4)
11 Die suddenly (4,4)
13 Mainly (13)
16 Abutting (8)
19 Strong desire (4)
20 Choose not to participate (3,3)
22 Pensive (6)
23 Camouflage (8)
24 States (4)

Down
2 Conveyed (9)
3 Decreased (7)
4 Made bearable (5)
5 Not identified (7)
6 Having a high opinion of yourself (5)
7 'Oh my goodness!' (3)
12 Supposedly (9)
14 Famous conductors (7)
15 Brain cells (7)
17 In the same direction as (5)
18 Schedule (5)
21 Penultimate Greek letter (3)

Across
8 Three-part work (7)
9 Cheek (5)
10 Idols (5)
11 Tobacco consumers (7)
12 Making easier (12)
16 Layouts (12)
20 Mail fee (7)
23 Hex (5)
24 Lawful (5)
25 Helps (7)

Down
1 Remove all coverings (5)
2 Prehistoric animal (8)
3 Dwarf tree (6)
4 Affirmative votes (4)
5 Long-haired goat wool (6)
6 Real (4)
7 Communication (7)
13 Drink coolant (3)
14 Concern (8)
15 With pleasure (7)
17 Tidily (6)
18 Abundance (6)
19 Beauty's beau (5)
21 Wise man (4)
22 Test (4)

Crossword 38

Across
1 Opposite of alkaline (6)
5 Clear a river bed (6)
8 Group or society (4)
9 In an unjust manner (8)
10 Generosity (8)
11 Common ornamental trees (4)
12 Imperial counterpart (6)
14 Evacuates from a pilot's seat (6)
16 Slays (4)
18 Observing (8)
20 Measures; standards (8)
21 Rewrite (4)
22 Backlash (6)
23 Increase in size (6)

Down
2 Montage (7)
3 Fix a computer program (5)
4 Constant speed device in an auto (6,7)
5 Tell apart (13)
6 Malevolent gaze (4,3)
7 Figure brought to life by magic (5)
13 Italian meal made from rice (7)
15 Mental strain (7)
17 Improbable comedy (5)
19 Crawl (5)

Across
1 Pile (5)
4 Genially (7)
9 Large, burning torch (8)
10 Go against (4)
11 Casual top (1-5)
12 Lure (5)
13 Sensible (4)
15 Had dinner (3)
16 Impudence (4)
17 Truffles, eg (5)
19 Emotional shock (6)
21 Accordingly (4)
22 As good as certain (2,3,3)
23 Not native (7)
24 Involuntary muscle contraction (5)

Down
2 Speaks (5)
3 Unite (7)
5 The Press (6,6)
6 Collection of songs (5)
7 Places (7)
8 Making ineffective (12)
14 Conflagration (7)
16 Get fit (5,2)
18 Not a soul (2,3)
20 Complains about things (5)

Across
1 Key energy food type (12)
8 Female gonad, medically (5)
9 Speech (7)
10 Big-heads (4)
11 Exceed a limit (2,3,3)
14 Stringed instrument (6)
15 Rummage (6)
17 Debatable (8)
18 Plate (4)
20 Extremely ugly (7)
22 Hot steam room (5)
23 Glowing with heat (12)

Down
1 Dance arranging (12)
2 Logic (9)
3 Cameo stone (4)
4 Fade with age (6)
5 Anticipated; guessed (8)
6 Greek 'T' (3)
7 Open and honest chat (5-2-5)
12 Household fittings (9)
13 Baseless suspicion of others (8)
16 Not open (6)
19 Questions (4)
21 Karate level (3)

1		2		3		4	5	6
7				8	9			
10		11						
12	13		14				15	
16		17		18				
19					20			
21			22					

Across

7 Large-leaved, edible plant (7)
9 Surpass (5)
10 Crisp, long-leaved lettuce (3)
11 Cried out (9)
12 Daily journal (5)
14 Scrambled (7)
16 Highest singing voice (7)
18 Long-winded (5)
19 Nuisance (9)
20 Narrow beam of light (3)
21 Goodbye (5)
22 Red wine mixed with fruit (7)

Down

1 Goes before (8)
2 Wordless vocal sounds (4)
3 Without risk (6)
4 Meaningless words (3,3)
5 Impetus (8)
6 Having a liking for (4)
8 Rear vistas (11)
13 Codicil (8)
15 Gradually (3,2,3)
17 Political sanctuary (6)
18 Infers from various sources (6)
19 Not here (4)
20 Lightly cooked, as meat (4)

Crossword 42

Across

8 Marine (7)
9 Join (5)
10 Doctrine (5)
11 Resounding (7)
12 Lengthways (12)
16 Cornucopia (4,2,6)
20 One who mends shoes (7)
23 Trivial (5)
24 Waiflike (5)
25 Large, lavish meal (7)

Down

1 Trap (5)
2 Goodbye, to the French (2,6)
3 Powerful (6)
4 Peak; pinnacle (4)
5 Hasty (6)
6 User-edited web reference (4)
7 Common ocean-side bird (7)
13 The highest part of something (3)
14 Writing system (8)
15 Ensured (7)
17 Hooked up to the Internet (6)
18 Hire (6)
19 Bodily sacs (5)
21 Sharp punch, informally (4)
22 Curved bones attached to the spine (4)

Across

7 Fireplace floor (6)
8 Functioning (6)
9 Most enjoyable (4)
10 Become inflexible (8)
11 Affable (4-7)
14 Experts on celestial objects (11)
18 Recall (8)
19 Upper body limbs (4)
20 Chase (6)
21 Publicly (6)

Down

1 Evolve (7)
2 Brisk walk, for a horse (4)
3 Universal Buddhist truth (6)
4 Karate-like martial art (4,2)
5 Reverie (8)
6 Precipice (5)
12 Scatter (8)
13 Complaint (7)
15 Stole from (6)
16 Make less wide (6)
17 Happen again (5)
19 Full of fear (4)

Crossword 44

Across
1 Thoughts (5)
4 Smokers' receptacle (7)
9 Hairdresser (8)
10 Performs a part (4)
11 'Understood' (6)
12 Unprincipled person (5)
13 Espies (4)
15 Conditions (3)
16 Metallic element that rusts (4)
17 Egret (5)
19 Placed inside another object (6)
21 Unintelligent person (4)
22 Venerated (8)
23 Scruffy (7)
24 Glide over ice (5)

Down
2 Italian cathedral (5)
3 Influences (7)
5 Unexpectedly (12)
6 Pluck a guitar string (5)
7 1920s decorative style (3,4)
8 Connection (12)
14 Command level (7)
16 Available for immediate
   purchase (2,5)
18 Crest (5)
20 Happening (5)

Crossword 45

Across
1 Marks a heartfelt request (7)
5 Broker (5)
9 At ninety degrees (13)
10 Propelled (8)
11 Sign of good or evil (4)
12 Head honcho (3,6)
16 Ibuprofen target (4)
17 Digits (8)
19 Number expert (13)
21 Composed (5)
22 Pressed-fruit drinks (7)

Down
2 Modular house (6)
3 Pricey (9)
4 Midday meal (5)
6 Wildebeest (3)
7 Less far away (6)
8 Central (6)
11 Blocks (9)
13 Place to see a film (6)
14 Cream-filled choux pastry (6)
15 Gratify (6)
18 Measuring device (5)
20 Snowman decoration? (3)

Crossword 46

Crossword 47

Across

7 Flowering plant grown as fodder (7)
9 Jewish scholar (5)
10 Evergreen tree (3)
11 Acquittal (9)
12 Cow's mammary gland (5)
14 Overseeing, as a company (7)
16 Hereditary (7)
18 Borders (5)
19 Assigning a score to again (2-7)
20 Great distress (3)
21 Breakfast strip (5)
22 Made ineffective (7)

Down

1 Remote (3-5)
2 At a distance (4)
3 Unpowered aircraft (6)
4 Parentless child (6)
5 Ceasing (8)
6 Father (4)
8 Simplifying metaphor (11)
13 Kinetics (8)
15 Regularly date (2,6)
17 Growing weary (6)
18 Employ (6)
19 Chafes (4)
20 Unit of power (4)

Crossword 48

Across

7 Gimmick (6)
8 Paradise (6)
9 Seed-bearing cereal heads (4)
10 Coalition (8)
11 Small, ornamental blue flower (6-2-3)
14 Experts (11)
18 Unwinding (8)
19 Intestines (4)
20 Erase (6)
21 Flowing back (6)

Down

1 Ten-sided polygon (7)
2 Tears (4)
3 Leave (6)
4 Put a book away (6)
5 Type of short, tubular pasta (8)
6 Tree of the genus *Fagus* (5)
12 Become successful (2,6)
13 Expressing clearly (7)
15 Transgressions (6)
16 Debates (6)
17 Even (5)
19 Small fish with sucker (4)

Crossword 49

Across

1 Nut from an oak tree (5)
4 Bicycle trick (7)
9 Situation involving unfair treatment (1,3,4)
10 Personal magnetism (slang) (4)
11 Two-piece swimwear (6)
12 It covers more of the Earth than land does (5)
13 Deep affection (4)
15 Tinker (3)
16 Sliding window frame (4)
17 Doctrine (5)
19 Citrus fruit (6)
21 Software trial (4)
22 Offended (8)
23 Extremely stupid (7)
24 Same-aged siblings (5)

Down

2 Welsh breed of dog (5)
3 Compose again (7)
5 Rehabilitation venue (7,5)
6 *The Lego Movie* hero, Brickowski (5)
7 Wounds (7)
8 Check-in process (12)
14 Peculiarity (7)
16 Drink some liquid (7)
18 Complain (5)
20 Learn bit by bit (5)

Crossword 50

Across
1 Done deal (4,8)
8 Got by (5)
9 Oriental (7)
10 Fastens a knot (4)
11 One behind the other (2,6)
14 Guarantee (6)
15 Pertaining to a nerve (6)
17 Unsaid (8)
18 Suffering from pains (4)
20 Block of frozen water (3,4)
22 Nimble (5)
23 Subsequent reflection (12)

Down
1 Own up (4,3,5)
2 Engenders admiration and respect (9)
3 Helps (4)
4 Washes (6)
5 Blunders (8)
6 Untruth (3)
7 Joblessness (12)
12 Showing the way (9)
13 Hoarded wealth (8)
16 Least (6)
19 Sandwich dressing (4)
21 Dobby, in *Harry Potter* (3)

Crossword 51

Across

8 Avoiding group interactions (7)
9 Digital letter (5)
10 Relating to vision (5)
11 Sycophants (7)
12 Completely imperceptible (12)
16 Outcomes (12)
20 Observes (7)
23 Remains of a fire (5)
24 Confusion (3-2)
25 Vivid pictorial impression (7)

Down

1 Large country house (5)
2 Twig (6,2)
3 Round shape (6)
4 Abundant supply (4)
5 Quibbler (6)
6 A usually dry water channel (4)
7 Teaching groups (7)
13 Flightless bird (3)
14 Brothers (8)
15 Efficiency (7)
17 Other than, as in 'I want them all, ___ for that' (6)
18 Close at hand (6)
19 Point of contention (5)
21 Written material (4)
22 Position (4)

Across

1 Without hesitation (7)
5 Superior of a monastery (5)
9 Avoid talking about (4,1,4,4)
10 Not fully working (8)
11 Tall water grass (4)
12 Treaty (9)
16 Podiatrist's expertise (4)
17 Repositories (8)
19 Questions, particularly in court (5-8)
21 Take as one's own (5)
22 Fixed (7)

Down

2 Merited (6)
3 Utterly (9)
4 Did exist (5)
6 The story of someone's life (3)
7 Complied (6)
8 Knowledge (6)
11 Delivery (9)
13 Rubbed out (6)
14 Dreaded (6)
15 Harsh (6)
18 Bracelet attachment (5)
20 Small quantity of tea, perhaps (3)

Crossword 53

Across
7 Light volcanic rock (6)
8 Reach a destination (6)
9 Layer of dirt (4)
10 Pin to the floor (4,4)
11 Company providing advice (11)
14 Recalling (11)
18 Engrave (8)
19 Wind in loops (4)
20 Become fond of (4,2)
21 Reanimated body (6)

Down
1 Surface rock formation (7)
2 Movie (4)
3 Able to kill (6)
4 Mexican national flower (6)
5 Commodity creator (8)
6 Openly asserts (5)
12 Orations (8)
13 Repress (7)
15 Newspaper chief (6)
16 Air current (6)
17 Informer (5)
19 Stay overnight in a tent (4)

Crossword 54

Across
- **1** Bird's resting place (5)
- **4** Initially (7)
- **9** Least tall (8)
- **10** Cut (4)
- **11** Real (6)
- **12** Gun (5)
- **13** Conspire (4)
- **15** Shade (3)
- **16** Too (4)
- **17** Arise from bed (3,2)
- **19** Kind of (2,1,3)
- **21** Assist in wrongdoing (4)
- **22** Common to a country (8)
- **23** Fit (7)
- **24** Very small (5)

Down
- **2** Guiding philosophy (5)
- **3** Liable to act dishonestly for personal gain (7)
- **5** In-between (12)
- **6** Parody (5)
- **7** Lingers (7)
- **8** Experience hardship (4,3,5)
- **14** Readable (7)
- **16** Comparison (7)
- **18** Overall amount (5)
- **20** Siren (5)

Crossword 55

Across

7 Movable residence (7)
9 Sarcasm (5)
10 Tall, rounded vase (3)
11 Edited (9)
12 Toy named after Roosevelt (5)
14 Going (7)
16 Solace (7)
18 Component (5)
19 Learns (9)
20 Dull habit that's hard to change (3)
21 Ways out (5)
22 Deprives of food (7)

Down

1 Without amplification (8)
2 Small songbird (4)
3 Unduly; unreasonably (6)
4 Lowest limits (6)
5 Slow-moving reptile (8)
6 The C in CMYK (4)
8 Periodicals (11)
13 Relating to the home (8)
15 Largest (8)
17 Double-reed player (6)
18 Relating to the mail (6)
19 Consider (4)
20 Rant (4)

Crossword 56

Across

8 Transparent solvent (7)
9 Inner psyche (5)
10 Fanatical (5)
11 Trend (7)
12 Obliteration (12)
16 Self-rule (12)
20 Denied (7)
23 Insignia (5)
24 Be deserving of (5)
25 First or second, eg (7)

Down

1 Milk processor (5)
2 Input device (8)
3 Black magic (6)
4 Feudal slave (4)
5 Feeling of sickness (6)
6 New Zealand bird (4)
7 Admonition (7)
13 Electrically charged particle (3)
14 Event (8)
15 Model landscape scene (7)
17 100 centimos (6)
18 Implants (6)
19 Makes watertight (5)
21 Discharge a weapon (4)
22 Building entrance (4)

Crossword 57

Across
1 Authority to do something (7)
5 Turnabout (5)
9 Eminent (13)
10 Personal story (8)
11 Takes an exam (4)
12 Very unpleasant experience (9)
16 Obstacle (4)
17 Finish without any great
   consequences (4,4)
19 Protecting spirit (8,5)
21 Subsidiary theorem in a proof (5)
22 Table support (7)

Down
2 Makes flush (6)
3 Separating (9)
4 Latin-American ballroom dance (5)
6 Used to exist (3)
7 Perspires (6)
8 Building with historical exhibits (6)
11 Environs (9)
13 Crossbreed (6)
14 Hesitant (6)
15 Happened to (6)
18 Possessor (5)
20 Periphery (3)

Crossword 58

Across
1 Student grant (11)
9 Overcome with sadness (6-7)
10 Hairstyle (8)
12 Penalty (4)
14 Reel (5)
15 Seashore (5)
19 'Drat!' (4)
20 Mirrors (8)
22 Child's female child (13)
24 Stupefying munition (4,7)

Down
2 Speak fondly (3)
3 Spillage (8)
4 On land, not sea (6)
5 Cheat (4)
6 Inherent (9)
7 By surprise, as in 'taken ___' (5)
8 Slacker (5)
11 Significant (9)
13 Thug (8)
16 Saying (5)
17 Fix (6)
18 Seize by force (5)
21 Japanese pasta strips (4)
23 Bit (3)

Crossword 59

Across
1 Picturesque (6)
5 Habit (6)
8 Enthusiasm of performance (4)
9 Less than half of the whole (8)
10 Form the foundation of (8)
11 Units of electric current (4)
12 Loud, shrill cry (6)
14 Act as a substitute (4,2)
16 Make a marking on metal (4)
18 Socializes for work purposes (8)
20 Played with abrupt, short notes (8)
21 Day in the middle of the month (4)
22 Actually (6)
23 Basic (6)

Down
2 Deep-seated (7)
3 Snare (5)
4 Working well together (13)
5 Chats (13)
6 Family identifier (7)
7 Readily available (2,3)
13 Moral (7)
15 Dipping pot for a quill pen (7)
17 Appellation (5)
19 General disgust (5)

Crossword 60

Across
7 Code word for 'F' (7)
9 Happen after (5)
10 Flock member (3)
11 Floundered (9)
12 Bury (5)
14 Sluggishness (7)
16 Parent's father (7)
18 Arbiter (5)
19 Throwing away (9)
20 Winter ailment (3)
21 Poetic song of praise (5)
22 Closest (7)

Down
1 Donation (8)
2 Wheel shaft (4)
3 Pencil remover (6)
4 Group of competing teams (6)
5 Remote (8)
6 Curve (4)
8 Ending (11)
13 Move (8)
15 Sufficient (8)
17 Suffocates in water (6)
18 Fine-bladed cutting tool (6)
19 Make a copy of (4)
20 Worry incessantly (4)

Crossword 61

Across

7 Walk like a duck (6)
8 Relating to the eyes (6)
9 'Stop, Rover!' (4)
10 Keyboard star (8)
11 Qualification document (11)
14 Formal meetings (11)
18 Eccentrics (8)
19 Fish, electric ___ (4)
20 Swindle (6)
21 Hurls (6)

Down

1 Fortresses (7)
2 With no purpose (4)
3 Sake (6)
4 Lyric (6)
5 Cooked with cheese on top (2,6)
6 Reason (5)
12 Pesters (8)
13 Senior college members (7)
15 Paper organizer (6)
16 Reverts to factory state (6)
17 Grown-up (5)
19 It replaced the franc and mark (4)

Crossword 62

Across
1 Attempts (7)
5 Confuse (5)
9 Worldwide (13)
10 Finicky (8)
11 Collateral property (4)
12 Amending (9)
16 Mineral-rich rocks (4)
17 Less substantial (8)
19 Out of the question (13)
21 Inched (5)
22 Buddies (7)

Down
2 Financed (6)
3 + or -, eg (9)
4 Core belief (5)
6 Two people (3)
7 Departs (6)
8 Adhesive (6)
11 Scene (9)
13 Spread to (6)
14 Smoothed some shirts, perhaps (6)
15 Firmly fastened shut (6)
18 More glacial (5)
20 Single unit (3)

Crossword 63

Across
8 Distinguished (7)
9 Andean transport animal (5)
10 Carved gemstone (5)
11 Assembly (7)
12 Merchant groups (12)
16 Bad temper (12)
20 Not of the same value (7)
23 Respond (5)
24 Special reward (5)
25 Core (7)

Down
1 Nectarine (5)
2 Foreboding movie genre (4,4)
3 Recover, as for example a loss (6)
4 Root part of a word (4)
5 Big brother? (6)
6 Draped silken garment (4)
7 Biggest (7)
13 Umbrella spoke (3)
14 Scandalized (8)
15 Locate (7)
17 Believes in (6)
18 Song words (6)
19 Secret supply (5)
21 Wholly divisible by two (4)
22 Key spectacles component (4)

Across
1 Area between the ribs and the hips (5)
4 Extend (7)
9 Synonym books (8)
10 Tense, as in muscles (4)
11 More experimental, artistically (6)
12 Extracts ore (5)
13 Sweep the eyes over (4)
15 Denoting a number in a list (3)
16 Hospital room (4)
17 Similar (5)
19 Coming last, perhaps (6)
21 Authorize (4)
22 Sets up (8)
23 Regretful admission (7)
24 Flying vehicle (5)

Down
2 Felt sore (5)
3 Period (7)
5 Righteous pride (12)
6 Ingested (5)
7 Warship (7)
8 Assuring (12)
14 Burst into laughter (5,2)
16 Christmas toast (7)
18 Rustic paradise (5)
20 Synthetic clothing material (5)

Crossword 65

Across
1 Couple (4)
4 Safety (8)
8 Carved image (6)
9 Chows down (6)
10 Diva's solo (4)
11 District (8)
13 Difficult introductory period (7,2,4)
16 Retailer (8)
19 Young foxes (4)
20 Uncouth (6)
22 Motto (6)
23 Evaluates (8)
24 Team (4)

Down
2 Replacement (9)
3 Withdraw (7)
4 Vertiginous (5)
5 With motion, musically (3,4)
6 Swiss grated-potatoes dish (5)
7 Adhere to (3)
12 Stiff paper (9)
14 Overhead shots (7)
15 Elements (7)
17 Serious wrongdoing (5)
18 Jobs (5)
21 Interstitials (3)

Crossword 66

Across

1 Yield good results (3,3)
5 Chilliest (6)
8 Park boundary ditch (2-2)
9 Birth occasion (8)
10 Opposite of occidental (8)
11 Promontory (4)
12 Unborn offspring (6)
14 Without difficulty (6)
16 Milky-white gem (4)
18 Natural disaster (3,2,3)
20 Tall, aromatic plant of the parsley family (8)
21 Bellow (4)
22 Stalk vegetable (6)
23 Velocities (6)

Down

2 Set of rearranged letters (7)
3 Speak (5)
4 Capabilities of software (13)
5 Academics, perhaps (13)
6 Creates (7)
7 Locates (5)
13 Soothe (7)
15 Large spotted cat (7)
17 Parts of a pound (5)
19 Compel (5)

Crossword 67

Across

7 Plug counterparts (7)
9 Overhead (5)
10 Just manage to make (3)
11 To do with voting (9)
12 Boxed (5)
14 Border plant with small, pale flowers (7)
16 Produced a noise (7)
18 Public-transport vehicles (5)
19 Reinvigorated (9)
20 Struggle for superiority (3)
21 Thrust (5)
22 Not in joined-up writing, perhaps (7)

Down

1 Intrinsic natures (8)
2 Spotted-skin disease (4)
3 Rely (6)
4 Immensely (6)
5 Visitors (8)
6 Worn to conceal the face (4)
8 Management (11)
13 Herb mix cooked with chicken (8)
15 Misdirects (8)
17 Type of fuel (6)
18 Villain, informally (6)
19 Peeve (4)
20 Ballot selection (4)

Crossword 68

Across
- **8** Bravery (7)
- **9** Secret lover (5)
- **10** Elude (5)
- **11** Elevating (7)
- **12** Major art exhibit (12)
- **16** The art of code-writing (12)
- **20** Repudiating (7)
- **23** Involving a third dimension (5)
- **24** Saturn has over 80 of them (5)
- **25** Graph output device (7)

Down
- **1** Sweeps along, like a cloud (5)
- **2** Abruptly (8)
- **3** Most secure (6)
- **4** Alcoholic malt drink (4)
- **5** Aged metal coating (6)
- **6** Flat, round type of bread (4)
- **7** Aromatic culinary herb (7)
- **13** Carry or drag something heavy (3)
- **14** Suppresses (8)
- **15** Specialist school (7)
- **17** Desire a drink (6)
- **18** Weight used to moor a boat (6)
- **19** Frighten (5)
- **21** Chemical element with atomic number 10 (4)
- **22** Stare open-mouthed (4)

Crossword 69

Across
1 Conjecture (11)
9 Modified layout (13)
10 Keeps you dry (8)
12 Transpose (4)
14 Inventory (5)
15 Oust (5)
19 Foal (4)
20 Greeted (8)
22 Ill at ease (13)
24 Claims of virtuousness while doing otherwise (11)

Down
2 Legume seed (3)
3 Money (8)
4 Desolate (6)
5 Maple or spruce, eg (4)
6 Engulf (9)
7 Disagree (5)
8 Paces (5)
11 War shout (6,3)
13 Puts to death (8)
16 Search thoroughly (5)
17 Diversion (6)
18 Made an extra point (5)
21 Shells, eg (4)
23 Casual word of parting (3)

Crossword 70

Across
1 Syntactically correct (11)
9 Cuts (5)
10 Small, country house (7)
11 Receiver (7)
12 Terrific (5)
13 Unsuitable (13)
16 Savoury meat-stock jelly (5)
18 Offensive (7)
20 Orchestral drum set (7)
21 Brainy (5)
22 Found out for sure (11)

Down
2 Cannoli filling (7)
3 Type of subatomic particle (5)
4 Someone who studies human history via excavations (13)
5 Non-fractional value (7)
6 Open-jawed (5)
7 Denizens (11)
8 Agreements (11)
14 Parcel (7)
15 Mediocre (7)
17 Water-raising devices (5)
19 Rolled rice dish (5)

Crossword 71

Across
1 Questioning (6)
5 Flat-bladed oar (6)
8 Faculty head (4)
9 Propositions (8)
10 Separate (8)
11 Readily available money (4)
12 Extent (6)
14 Examined (6)
16 Exploiter (4)
18 Written in a stylistic or detailed way, as a novel (8)
20 Extravagant publicity (8)
21 Dull sound of something falling (4)
22 Leaped (6)
23 Small pieces of rock (6)

Down
2 Antiseptic (7)
3 Relating to charged particles (5)
4 Do something thoroughly (2,3,5,3)
5 Formal introductions (13)
6 Steers (7)
7 Tree branches (5)
13 *Donkey Kong* villain (7)
15 On the way (2,5)
17 Bog (5)
19 Deliberately dated (5)

Across

1 Most moist (7)
5 Length of fabric worn around the neck (5)
9 Business institution (13)
10 Having brown hair (8)
11 Sneak a look (4)
12 Infringement (9)
16 Cook (4)
17 Wrote some music (8)
19 Like a Newtonian force (13)
21 Online one-to-ones (5)
22 Sincerely wishing (7)

Down

2 Take in (6)
3 Someone who brings a legal action (9)
4 Rend (5)
6 Rotating mechanism (3)
7 Extended (6)
8 Expression of approval (6)
11 Duplicate piece of paper (9)
13 Find (6)
14 Place of worship (6)
15 Get back (6)
18 Engine (5)
20 Dog medic (3)

Crossword 73

Across
- **1** Male deer (4)
- **4** Hidden (8)
- **8** Permits (6)
- **9** Giving four stars, perhaps (6)
- **10** Large, predatory reptile (4)
- **11** Inclination (8)
- **13** Revelation (13)
- **16** Assemblies (8)
- **19** Animal's claw (4)
- **20** Having white eyes, eg (6)
- **22** Beaded counting tool (6)
- **23** CD precursor (8)
- **24** Martial arts sword (4)

Down
- **2** Acceptance of other beliefs (9)
- **3** Trattoria dumplings (7)
- **4** Start (5)
- **5** Bizarre (7)
- **6** Free from knots (5)
- **7** A billion years (3)
- **12** Set up (9)
- **14** Spend time relaxing (4,3)
- **15** Banal (7)
- **17** Attempts (5)
- **18** Tremble (5)
- **21** Meadow (3)

Crossword 74

1	2		3				4	5			6		7	

Across

1 Stomach (5)
4 Distorts (7)
9 Audacity (8)
10 Cry out (4)
11 Crushed rocks (6)
12 Fit out (5)
13 Umpires (4)
15 Forgetful actor's need? (3)
16 Like a coated cake (4)
17 Explosion (5)
19 Went out (6)
21 Formerly (archaic) (4)
22 Utter (8)
23 Visitor (7)
24 Drink with a sucking sound (5)

Down

2 Court official (5)
3 Detectives' concerns (7)
5 Accomplishments (12)
6 Marshy lake or river outlet (5)
7 Cast a shadow over (7)
8 Computer software (12)
14 Official trade ban (7)
16 First (7)
18 Later in time (5)
20 The clear sky (5)

Across

1 Betray (6-5)
9 Relating to the design of buildings (13)
10 Created, as in plans (8)
12 Agenda point (4)
14 Urban areas smaller than cities (5)
15 Expectorate (5)
19 Large tanks (4)
20 Church ceremonies (8)
22 Self-sustaining chemical process (5,8)
24 Publicizing (11)

Down

2 Fantasy menace (3)
3 Carrying (8)
4 An hour before midnight (6)
5 Wheel furrows (4)
6 Tactical (9)
7 Movie villain, generically (5)
8 Tongue of fire (5)
11 Compact writing method (9)
13 Prisoners (8)
16 Remove from a house (5)
17 Flaw (6)
18 Taking advantage of (5)
21 ___ upon a time (4)
23 Tavern (3)

Across

7 Like an automaton (7)
9 A certain punctuation mark (5)
10 Whichever (3)
11 Tightly bonded (5-4)
12 Aspirations (5)
14 Foes (7)
16 Recessed (4-3)
18 Impulses (5)
19 Farmer's field installation (9)
20 Narrow runner for use on snow (3)
21 Transparent (5)
22 Portable lamp (7)

Down

1 Inhaled and exhaled (8)
2 Follow orders (4)
3 Places one on top of the other (6)
4 Plot (6)
5 Revising (8)
6 Something you desire (4)
8 Fatty food substance (11)
13 Gets ready (8)
15 Periods (8)
17 Directs (6)
18 Relax after a tense period (6)
19 Be bad, colloquially (4)
20 Launches legal proceedings against (4)

Crossword 77

Across

1 Sessions (7)
5 Unintelligent (5)
9 Assortment of small items (4,3,6)
10 Subjects of a nation (8)
11 Disapproving of perceived impropriety (4)
12 Aspect of a situation (9)
16 Piece of vocal music (4)
17 Oblique (8)
19 Thoughtful (13)
21 Ensnares (5)
22 Expressed mirth (7)

Down

2 Panacea (6)
3 Stimulating (9)
4 Not very clever (5)
6 Tool used for removing weeds (3)
7 Assets (6)
8 Muscle tics (6)
11 Advancing (9)
13 Firstborn (6)
14 Female parent (6)
15 Sack (6)
18 Brightest star in a constellation (5)
20 Cut off (3)

Across

1 Go away quickly (4)
4 It tells computers what to do (8)
8 False (6)
9 Cure for an illness (6)
10 Male admirer (4)
11 Annotation (8)
13 Researchers (13)
16 Consultants (8)
19 Half a train track? (4)
20 Lay to rest within something (6)
22 Act as a substitute (4,2)
23 Surfaces a wall (8)
24 Pitch (4)

Down

2 Worried (9)
3 Agonize (7)
4 Ledge (5)
5 An eighth of a mile (7)
6 Females (5)
7 Angling essential (3)
12 Scares (9)
14 Quiver (7)
15 Small pastry (7)
17 Shackles (5)
18 Secure deposit boxes (5)
21 Nothing (3)

Crossword 79

Across

8 Abate (7)
9 Letter after eta (5)
10 Quotes (5)
11 Blind alley (4,3)
12 Arguable (12)
16 Expecting (12)
20 Goes after (7)
23 Indian meat ball (5)
24 Bingo (5)
25 Extents (7)

Down

1 Mentally prepare; excite (5)
2 Block (8)
3 Prejudices (6)
4 Cope (4)
5 Pressure (6)
6 'All your base are belong to us', eg (4)
7 Animal trainer (7)
13 Mischievous child (3)
14 Advantages (8)
15 Immature frog (7)
17 Voucher (6)
18 Keepsakes (6)
19 Brief error (5)
21 Solemn act (4)
22 Window ledge (4)

Across

7 Damage (6)
8 Nearby (6)
9 Feeling; sensation (4)
10 Confirmed (8)
11 The flow of electrons (11)
14 Impressionable (11)
18 Recede (8)
19 Pieces of protective flooring (4)
20 Position (6)
21 Very seldomly (6)

Down

1 Give a right to (7)
2 Endearingly pretty (4)
3 Waiter or waitress (6)
4 Cloth (6)
5 It might be thrown at a wedding (8)
6 Contemptuous remark (5)
12 Utterly defeating (8)
13 In total (3,4)
15 Arcs (6)
16 Provides energy for (6)
17 Thin fogs (5)
19 Stain; spot (4)

Crossword 81

Across
1 Get into trouble (4,7)
9 Examples (13)
10 Alternative to metric (8)
12 Greek letter following alpha (4)
14 Stretch (5)
15 Element with atomic number 5 (5)
19 Opposite of gave (4)
20 Extends (8)
22 Blundering (8-5)
24 Chirping insect (11)

Down
2 Broad-faced nocturnal bird (3)
3 Making certain (8)
4 Everyday (6)
5 Adds, with 'up' (4)
6 Cease business (5,4)
7 Imitate (5)
8 Chemical analysis (5)
11 Police vehicle (6,3)
13 Treat on a stick (8)
16 Pilfer (5)
17 Soak (6)
18 Lopsided (5)
21 Lyric poems on a particular subject (4)
23 Be in arrears to (3)

Crossword 82

Across

7 Spirited, as a musical direction (3,4)
9 Alternate (5)
10 Ritually proclaim as a knight (3)
11 Exit (9)
12 Common false beliefs (5)
14 Inspects again (7)
16 Large deer (7)
18 Foot-operated lever (5)
19 Fixing software (9)
20 Decorative pond fish (3)
21 Flower segment (5)
22 Component units (7)

Down

1 Only of theoretical interest (8)
2 Small lump of a substance (4)
3 Buys and sells (6)
4 Strong aversion (6)
5 Ten hundred (8)
6 At no cost (4)
8 Expediency (11)
13 Hard-drive size unit (8)
15 Most absurd (8)
17 Stupefy (6)
18 Many-tiered temple (6)
19 Immerses (4)
20 Brick oven (4)

Crossword 83

Across
- **1** Ploy (6)
- **5** Type of edible nut (6)
- **8** Ancient warship's prow (4)
- **9** Citrus beverage (8)
- **10** Large hill (8)
- **11** Chore (4)
- **12** Italian-style ice cream (6)
- **14** Female sibling (6)
- **16** Resonant sound of a large bell (4)
- **18** Took to the police station, perhaps (8)
- **20** Advocate of women's rights (8)
- **21** Heavy floor mats (4)
- **22** Page-edge spacing (6)
- **23** Decline (6)

Down
- **2** Dazzling (7)
- **3** Memento (5)
- **4** Joint effort (13)
- **5** Business organizer (13)
- **6** Hour divisions (7)
- **7** Computers on a network (5)
- **13** Debating (7)
- **15** Appears (7)
- **17** *Carmen*, eg (5)
- **19** Letter-finishing stroke (5)

Across

1 Later than (4)
4 Follows (8)
8 Avaricious (6)
9 Works hard (6)
10 Seaweed jelly (4)
11 Go up (8)
13 Immediately upon starting (4,3,4,2)
16 Taking for granted (8)
19 Bookworm (4)
20 Water spray (6)
22 Renowned (6)
23 Gains entry to (8)
24 Attracted (4)

Down

2 Concerning (2,7)
3 Proven mathematical proposition (7)
4 Tablet pens (5)
5 Moneymaking investment (4,3)
6 Make extremely happy (5)
7 Stop living (3)
12 Tea sweetener (5,4)
14 Elevations (7)
15 Changed title (7)
17 Customary practice (5)
18 Talents (5)
21 Photograph (3)

Across
- **1** Small fallen branch (5)
- **4** While on the contrary (7)
- **9** Water feature (8)
- **10** Given task (4)
- **11** Steal (6)
- **12** Varieties (5)
- **13** Be next to (4)
- **15** Respectful address (3)
- **16** Stinging insect (4)
- **17** Fight (3-2)
- **19** Beastly (6)
- **21** 'Immediately!', on a hospital ward (4)
- **22** Places in front (8)
- **23** Suitability (7)
- **24** Curiously (5)

Down
- **2** Molar (5)
- **3** Musical performance (7)
- **5** Cloth tissue (12)
- **6** Radioactive gas (5)
- **7** Painters and sculptors (7)
- **8** Type of common-law writ (6,6)
- **14** Public transport marker (3,4)
- **16** Anxious (7)
- **18** Largest moon of Saturn (5)
- **20** Exactly right (5)

Crossword 86

Across

- **7** Assassin (6)
- **8** Monks' buildings (6)
- **9** Check mark (4)
- **10** Time off (8)
- **11** Considerable (11)
- **14** A connected relationship between things (11)
- **18** Alluring (8)
- **19** Make available for purchase (4)
- **20** Broad, city road (6)
- **21** Brain cell (6)

Down

- **1** Lowest value (7)
- **2** Strong criticism (4)
- **3** Unimportant facts (6)
- **4** Rich big shot (3,3)
- **5** Notional (8)
- **6** Church assembly (5)
- **12** Buying things (8)
- **13** Computer display (7)
- **15** Showered (6)
- **16** Myth (6)
- **17** Start a tennis point (5)
- **19** Arrogant (4)

Across

1 Smattering (7)
5 Relish; dressing (5)
9 Likelihoods (13)
10 Stayed (8)
11 Looks at (4)
12 Recipient (9)
16 Extremely (4)
17 Ideas (8)
19 Educational (13)
21 Stalks (5)
22 Crooks (7)

Down

2 Highest point (6)
3 Cowardly; despicable (9)
4 Built-up (5)
6 Works of creative imagination (3)
7 Intelligent (6)
8 Pieces of grass (6)
11 The process of coming into prominence (9)
13 Quantitative relations (6)
14 Abhor (6)
15 Relaxed (2,4)
18 Zing (5)
20 Tree in the genus *Ulmus* (3)

Crossword 88

Across

7 A slow person (7)
9 Elected (5)
10 Workout muscles (3)
11 Ancient combatant (9)
12 Private room on a ship (5)
14 Vistas (7)
16 Difficult decision (7)
18 Above the horizon, as the moon (5)
19 Rebuke (5,4)
20 Twenty-first Greek letter (3)
21 Grasp (5)
22 Upward current of warm air (7)

Down

1 At a late stage of development (8)
2 Expression of sorrow (4)
3 Lingo (6)
4 Be thrifty (6)
5 Gets in touch with (8)
6 Back (4)
8 Unable to hear a thing (4,2,1,4)
13 News report (8)
15 Reasonably (8)
17 Muddles (6)
18 Surrounded (6)
19 Reading table (4)
20 Mountain lion (4)

Crossword 89

Across

- **8** Less transparent (7)
- **9** Beneath (5)
- **10** Sibling's daughter (5)
- **11** Sudden outburst (5-2)
- **12** Two-floored bus (6-6)
- **16** Mental uneasiness (12)
- **20** Modified (7)
- **23** Make permanent (3,2)
- **24** Words from a song (5)
- **25** Quantities (7)

Down

- **1** Narrow water inlet (5)
- **2** Black coffee (4,4)
- **3** Magnificent (6)
- **4** Senior lecturer (4)
- **5** Compassionate (6)
- **6** Advantage (4)
- **7** Get ready (7)
- **13** Gradually decrease (3)
- **14** Rapping (8)
- **15** Sits in an ungainly way (7)
- **17** Loosen a bed sheet, perhaps (6)
- **18** Maker of suits (6)
- **19** Parsley relative (5)
- **21** Expresses publicly (4)
- **22** Mild expression of annoyance (4)

Crossword 90

Across

1 Cakewalk (4)
4 Excessive sentimentality (8)
8 Slander (6)
9 Aromatic ointment (6)
10 Foot protection (4)
11 Information store (8)
13 Makers (13)
16 Gauged (8)
19 Grasping hand pose (4)
20 South American wildcat (6)
22 Unmoving (6)
23 Emotions (8)
24 Complains incessantly (4)

Down

2 Operating costs (9)
3 Flat part of a curve (7)
4 Use up (5)
5 Home environs (7)
6 Improvise (2-3)
7 Hot or iced drink (3)
12 Emphasizing (9)
14 One who loses by some distance (4-3)
15 Chorus (7)
17 Of the same value (5)
18 Drug quantities (5)
21 Wonderment (3)

Crossword 91

Across

1 Device for taking pictures (6)
5 Fairly (6)
8 Birds hunted for food (4)
9 Connected (8)
10 Aural recipient (8)
11 Effortless (4)
12 Teaching unit (6)
14 Ridiculous (6)
16 Get wind of (4)
18 Irritating (8)
20 Cut short (8)
21 Death; destruction (4)
22 Picked (6)
23 Gift (6)

Down

2 Greed (7)
3 Choose (5)
4 Repeatedly (5,3,5)
5 Amusement (13)
6 Surpasses (7)
7 Creepy looks (5)
13 Leaps quickly (7)
15 Dilapidated (3-4)
17 Ground (5)
19 Sing like a Tyrolean (5)

Crossword 92

Across

7 Nullify (6)
8 Sixteenths of a pound (6)
9 Slip (4)
10 Sketched (8)
11 Moaning (11)
14 Predictable (11)
18 Was in the right place (8)
19 Brought up (4)
20 Large soup dish (6)
21 Pleasantly (6)

Down

1 Non-portable computer (7)
2 Put down (4)
3 Spanish racket game (6)
4 Putrid (6)
5 Badges of office (8)
6 Repulse (5)
12 Offered marriage (8)
13 Advanced in years (7)
15 Motor (6)
16 Terminating (6)
17 Food choices (5)
19 Rear of the human body (4)

Crossword 93

Across
- **1** Go and get (5)
- **4** Move forward (7)
- **9** Become set in ice (6,2)
- **10** Religious sect (4)
- **11** Music system (6)
- **12** Relation between two amounts (5)
- **13** Ebay status (4)
- **15** Butt (3)
- **16** Hope (4)
- **17** Rainbow-forming glass (5)
- **19** Subtlety (6)
- **21** 18-hole game (4)
- **22** Training (8)
- **23** Entice (7)
- **24** Talks to a god (5)

Down
- **2** Type of heron (5)
- **3** Successfully jumped over (7)
- **5** Restricted to one section of a company (12)
- **6** Broad necktie (5)
- **7** Insensitive (7)
- **8** Excessively emotional (12)
- **14** Backing (7)
- **16** Meteorological report (7)
- **18** Deduce (5)
- **20** Rabbit fur (5)

Crossword 94

Across
- **8** Ten to the ninth power (7)
- **9** Sound (5)
- **10** Alluring but dangerous woman (5)
- **11** Among (7)
- **12** Freud, eg (12)
- **16** Fruitfulness (12)
- **20** Liked (7)
- **23** Awareness (5)
- **24** Stench (5)
- **25** Comes into bloom (7)

Down
- **1** Vast chasm (5)
- **2** In the open air (2,6)
- **3** Outdoor meal (6)
- **4** Elitist (4)
- **5** Military bugle recall (6)
- **6** Busy doing nothing (4)
- **7** Related (7)
- **13** Cereal plant (3)
- **14** Meant (8)
- **15** Pacify by giving in (7)
- **17** Release a pair of oxen, perhaps (6)
- **18** Sight (6)
- **19** Fewest (5)
- **21** Connect (4)
- **22** Dexterous (4)

Crossword 95

Across
1 Not happen in the end (4,7)
9 Protected lantern (9,4)
10 Less well-known (8)
12 Close (4)
14 Absolute (5)
15 Small particle (5)
19 Covers (4)
20 Singing society (4,4)
22 In chaotic haste (6-7)
24 Extremely common (1,4,1,5)

Down
2 It's breathed to stay alive (3)
3 Having plenty of spare time (8)
4 Type of ball control in soccer (6)
5 Walkie-talkie sign-off (4)
6 Like computer illustrations (9)
7 Agitated (5)
8 Malice (5)
11 Planned (9)
13 Second personality (5,3)
16 Hawaiian greeting (5)
17 Blood fluid (6)
18 Cancel (5)
21 Smile (4)
23 Golf-ball support (3)

Crossword 96

Across

1 Onions and related plants (7)
5 Objects (5)
9 Oppressive (13)
10 By speaking (8)
11 Counterpart to curds (4)
12 Foolishness (9)
16 Discover (4)
17 Became ill (8)
19 Understand (3,3,7)
21 Halts (5)
22 Chapter (7)

Down

2 Noisier (6)
3 Repressed (9)
4 Ethical (5)
6 Road-surfacing mixture (3)
7 Complained (6)
8 Remained (6)
11 Onlookers (9)
13 Entry documents (6)
14 Speechless (6)
15 Joined (6)
18 Inexpensive (5)
20 Donation to a waiter (3)

Crossword 97

Across
1 Poll (6)
5 Thrusts (6)
8 Short skirt (4)
9 Clumps (8)
10 On the edge (8)
11 Stand up (4)
12 Stellar (6)
14 'Board now!' (4,2)
16 Long-legged wading bird (4)
18 Producing flour, perhaps (8)
20 Tacit (8)
21 Declare (4)
22 Cornflakes, eg (6)
23 Lives (6)

Down
2 Living creatures (7)
3 Fibbing (5)
4 Computerized (13)
5 Having unusually flexible fingers, perhaps (6-7)
6 Transitional period (7)
7 Merits (5)
13 Settle (7)
15 Score against yourself, in soccer (3,4)
17 Type of frozen dessert (5)
19 Cover with cloth (5)

Crossword 98

Across

7 Pretentious (2-2-2)
8 Rotating load bearers (6)
9 Chances (4)
10 Mechanize (8)
11 Ignorant person (4-7)
14 Branch of philosophy (11)
18 Shameful (8)
19 Sixty minutes (4)
20 'Stay still!' (6)
21 Force (6)

Down

1 Makes sorrowful (7)
2 Baked pastry dishes (4)
3 Repeat from the start, in music (2,4)
4 Swap (6)
5 Divisions (8)
6 Casino machines (5)
12 Miserable (8)
13 Obtain (7)
15 Emerged (6)
16 Loftier (6)
17 Apportion (5)
19 Lift or carry (4)

Across

7 Practical, not theoretical (7)
9 Positive electrode (5)
10 Female bird (3)
11 Couturiers (9)
12 Worn out (5)
14 Goes to bed (7)
16 Pay money (5,2)
18 Thick milk (5)
19 Gallery art (9)
20 Male swan (3)
21 Topic (5)
22 Longed for (7)

Down

1 Pitiful (8)
2 Hand width (4)
3 Looked after (6)
4 Trapped (6)
5 Actually happen (4,4)
6 Checks out (4)
8 A difference from what is expected (11)
13 Standard procedures (8)
15 Any person (8)
17 Strong aversion (6)
18 Offhand (6)
19 Citrus fruit tissue (4)
20 Disadvantages (4)

Crossword 100

Across
1 Bear (5)
4 Type of international post (7)
9 Least old (8)
10 Fellow (4)
11 Ask to an event (6)
12 Unwind (5)
13 Short, thin branch (4)
15 Rock containing metal (3)
16 Jar for holding flowers (4)
17 Spiritual emblem (5)
19 Naval standard (6)
21 Excellent, as a beat (slang) (4)
22 Collar (8)
23 Property location (7)
24 Personality, colloquially (5)

Down
2 Sear in a pan (5)
3 Swaying to music (7)
5 Obstruction (12)
6 Olympic decoration (5)
7 Lookup tables (7)
8 Housing estates (12)
14 Observed (7)
16 Perceptible (7)
18 Private teacher (5)
20 He lives in a lamp (5)

Crossword 101

Across
1 'Doing' part of speech (4)
4 Middling (8)
8 Allot (6)
9 Entertains (6)
10 Hit sharply, as an insect (4)
11 En route (2,3,3)
13 Fortification (13)
16 Merited (8)
19 Brazenly promote (4)
20 One of 28 game pieces (6)
22 Repeats (6)
23 Unbelievers (8)
24 Traditional Japanese sport (4)

Down
2 Not here (9)
3 Intrinsic (5-2)
4 Juicy, tropical fruit (5)
5 Severe (7)
6 Apply again (5)
7 Make a knot (3)
12 And so on and so on (2,7)
14 Easily perceived (7)
15 Equals (7)
17 Banishment (5)
18 Those who get things done (5)
21 Away from home (3)

Across

1 Avenues (7)
5 Customary (5)
9 Skilled professionals (13)
10 Items of food (8)
11 Bearing; manner (4)
12 Absence of education (9)
16 Protects with soft material (4)
17 The act of discarding (8)
19 Normally (13)
21 Sugary (5)
22 Climbs up (7)

Down

2 Back-of-mouth passage (6)
3 Swaps (9)
4 Experiment (5)
6 Star (3)
7 'Yes' (6)
8 Carnival (6)
11 Machine for heating food (9)
13 Peculiarity (6)
14 Bone filling (6)
15 Voyaged (6)
18 Notices (5)
20 Stain (3)

Crossword 103

Across
7 Battered seafood dish (6)
8 Takes on, as in a position (6)
9 Beats on a serve (4)
10 Deficiency (8)
11 Troop assembly point (5,2,4)
14 An official statement (11)
18 Moved out of economy, perhaps (8)
19 Chums (4)
20 The countryside in general (6)
21 At some point (3,3)

Down
1 Freezing (3-4)
2 Little spirits (4)
3 Debacle (6)
4 Indian pastry (6)
5 Scorn (8)
6 Excessively theatrical (5)
12 In a good mood (8)
13 Warm and friendly (7)
15 Portable climbing frame (6)
16 Wirelesses (6)
17 Say words (5)
19 Burst (4)

Crossword 104

Across

7 Trailer (7)
9 Measuring strip (5)
10 Large-horned deer (3)
11 Cause amusement (9)
12 Reinstall (5)
14 Risks (7)
16 Former Greek monetary unit (7)
18 Smelling of decay (5)
19 Freedoms (9)
20 Cry like a crow (3)
21 Respect (5)
22 Dignity (7)

Down

1 Materialized (8)
2 Exclamation of frustration (4)
3 Consisting of the smallest particles (6)
4 Practice go (3,3)
5 Most lucid (8)
6 Husk remains (4)
8 Retreating (11)
13 Loosely; with excessive fat (8)
15 Obliquely (8)
17 Multitudes (6)
18 Financial (6)
19 Happening right now (4)
20 Short note of debt (4)

Crossword 105

Across
- **8** All-purpose (7)
- **9** Select group (5)
- **10** Regulated; measured (5)
- **11** Model (7)
- **12** Explaining the meaning of (12)
- **16** Contract get-out provision (6,6)
- **20** Rejuvenated (7)
- **23** Anomalous (5)
- **24** Rage (5)
- **25** Accumulated (5-2)

Down
- **1** Banded ornamental stone (5)
- **2** Memory device (8)
- **3** Feeling of resentment (6)
- **4** Adhesive (4)
- **5** 'Watch out!' (6)
- **6** Speech defect (4)
- **7** Retaliation (7)
- **13** Chest muscle (3)
- **14** Checks over (8)
- **15** Diminish the value of, with 'from' (7)
- **17** Pulverize (6)
- **18** Illicit relationship (6)
- **19** Jumps a rope (5)
- **21** At hand (4)
- **22** Money owed (4)

Across

1 Thick slice of meat (5)
4 Ludicrous (7)
9 Operates (8)
10 Chunk (4)
11 Per head (6)
12 More mature (5)
13 Not that, but ___ (4)
15 Tennis-court divider (3)
16 Missile chamber (4)
17 Ramp (5)
19 A very short moment (2,4)
21 Apportion, with 'out' (4)
22 The study of religious belief (8)
23 Involves (7)
24 Official decree (5)

Down

2 Group of soldiers (5)
3 Deer horns (7)
5 Terminated (12)
6 Stared at longingly (5)
7 Degenerate (7)
8 Relating to a ruling group (12)
14 Ex-celebrity (3-4)
16 Resolved (7)
18 Final Greek alphabet letter (5)
20 Supernatural powers (5)

Across

1 Whaling spear (7)
5 Modern ballroom routine (5)
9 Basic unit (8,5)
10 Example (8)
11 Cesspool (4)
12 Gaining entry to (9)
16 Lock up for a crime (4)
17 Flop (8)
19 In time order (13)
21 Small, water-surrounded area of land (5)
22 Tiny amount of money (7)

Down

2 Woman graduate (6)
3 Relating to the process of governing (9)
4 Pungent vegetable (5)
6 Completely (3)
7 Change into (6)
8 Is of the same opinion (6)
11 Physical perception (9)
13 A fund held in trust (6)
14 Rushes (6)
15 Large countryside land area (6)
18 Slack (5)
20 Classical poem (3)

Crossword 108

Across
1 Notice (4)
4 Formal written request (8)
8 Written papers (6)
9 Mother or father (6)
10 Twirl (4)
11 Nuclear fission explosive (4,4)
13 Inculpatory (13)
16 Teaches (8)
19 Details (4)
20 Blue shade (6)
22 Waterproof overshoe (6)
23 Costs incurred (8)
24 Item in a garden shed? (4)

Down
2 Delayed (9)
3 Coach (7)
4 Turkish title (5)
5 Tropical cyclone (7)
6 Pulsate steadily (5)
7 Confess to something: ___ up (3)
12 Public declaration of intent (9)
14 Techniques (7)
15 Three of a kind (7)
17 Clock's hourly sound (5)
18 Autographs (5)
21 Veto (3)

Crossword 109

Across
7 Invent (6)
8 Distant (6)
9 Pole (4)
10 Dreamt (8)
11 Abolition (11)
14 Instead of (2,7,2)
18 Went beyond (8)
19 Shoe bottom (4)
20 Carrying point (6)
21 Financial checks (6)

Down
1 According to law (7)
2 Fissure (4)
3 Plan (6)
4 Prone to mistakes (6)
5 Plant and meat eater (8)
6 Horse (5)
12 Scans some text incorrectly (8)
13 Runner or jumper, eg (7)
15 Cushioned (6)
16 Extreme experience (6)
17 Pivotal (5)
19 Drinks mixer (4)

Across

1 A wish that is unlikely to come true (7,4)
9 Without assistance (13)
10 Span (8)
12 Finished (4)
14 Be attracted to (5)
15 Coronet (5)
19 Greatest in amount (4)
20 Making (8)
22 Battles in the sky (6,7)
24 Appraisals (11)

Down

2 Elderly (3)
3 Cosmetic that's usually red (8)
4 Haphazard (6)
5 Long-handled gardening tools (4)
6 Dried petal mix (9)
7 Blustery (5)
8 Keyed in (5)
11 Calms down (9)
13 Argue (8)
16 Besmirch (5)
17 Moves on hands and knees (6)
18 Stares lecherously (5)
21 Bottom of something (4)
23 Small, social insect (3)

Crossword 111

Across
1 Camera aperture setting (1-4)
4 Hazel tree (7)
9 Frames of reference (8)
10 Sea-based armed service (4)
11 Legato, musically (6)
12 Swift, organized assaults (5)
13 Beam (4)
15 Classic object-taking game (3)
16 Nonsense (4)
17 Got really cold, colloquially (5)
19 Just about (6)
21 Ridge of jagged rock or coral (4)
22 Invisible, slippery surface (5,3)
23 Reduce in length (7)
24 More peculiar (5)

Down
2 Tempest (5)
3 Obsolete (7)
5 Without vocals, as in music (12)
6 Hindu forehead decoration (5)
7 Examines and amends (7)
8 Substitutable (12)
14 Energize (7)
16 Followed (7)
18 Make a proposal (5)
20 Distasteful riches (5)

Crossword 112

¹	²		³		⁴		⁵		⁶	⁷

Across
1 Vast (6)
5 Was of the correct size (6)
8 Spiders' homes (4)
9 Almond confection (8)
10 Broadly educated person (8)
11 Long-horned goat (4)
12 Layers of rock (6)
14 Beats (6)
16 Egg-shaped (4)
18 Not safe to eat (8)
20 In some location (8)
21 Trim (4)
22 Happily (6)
23 Spoke (6)

Down
2 Unfold (4,3)
3 Disorganized (5)
4 Relatively (13)
5 Temporarily (3,3,7)
6 Insignificant (7)
7 Delete (5)
13 Authorized (7)
15 Make bigger (7)
17 Old record (5)
19 Incite; goad (5)

Crossword 113

Across
1 Enormous (7)
5 Fish covering (5)
9 One-way electricity flow (6,7)
10 Chain (8)
11 Revealing photo? (1-3)
12 Likewise (9)
16 'Look this way!' (4)
17 Sea transport in general (8)
19 More or less (2,3,6,2)
21 Tiny particles (5)
22 Lack of faith (7)

Down
2 Posted (6)
3 Senior manager (9)
4 Glossy fabric (5)
6 Rogue (3)
7 One-dimensional (6)
8 'I've solved it!' (6)
11 Wooden-barred musical instrument (9)
13 Secure against possible loss (6)
14 Snack legume, often roasted or salted (6)
15 Vexes (6)
18 Metal block (5)
20 Bustle (3)

Crossword 114

Across
8 Seclude (7)
9 'L'-size clothing (5)
10 Coffee-shop order, perhaps (5)
11 Contact (7)
12 Astonishing (12)
16 Street (12)
20 Entirely (7)
23 Abandon (5)
24 Unpaid (5)
25 Less cloudy (7)

Down
1 Companies (5)
2 Music for orchestra and soloist (8)
3 Type of Indian dish (6)
4 Calf meat (4)
5 South American wool-provider (6)
6 War-loving fantasy creatures (4)
7 Adolescent (7)
13 Clasp tightly (3)
14 As a response (2,6)
15 Transport stopping place (7)
17 Require (6)
18 Twitch (6)
19 Musical combination (5)
21 Same-aged sibling (4)
22 Expression of disgust (4)

Across
1 Heroic (4)
4 Once every year (8)
8 Safe (6)
9 Large, wooden hammer (6)
10 Himalayan monster (4)
11 A person who steers a ship (8)
13 Rapid increase (13)
16 Moves forward (8)
19 Line about which a body rotates (4)
20 Beer container (6)
22 Type of racket sport (6)
23 Boss (8)
24 Bell sound (4)

Down
2 Liked better (9)
3 Critical (7)
4 Hebrew 'A' (5)
5 More spry (7)
6 Map book (5)
7 Shelter (3)
12 Complete termination (9)
14 Group of university departments (7)
15 Taught (7)
17 Of hearing (5)
18 Drunken woodland god (5)
21 Provide weapons to (3)

Crossword 116

Across
1 Stays in a tent (5)
4 Barely known (7)
9 Shared, as in facilities (8)
10 Polish (4)
11 Nearly (6)
12 Once more (5)
13 Plant with large, showy flowers (4)
15 Augment (3)
16 Eyeball protector (4)
17 Reject with contempt (5)
19 Red playing-card suit (6)
21 Thoroughly defeat (4)
22 Less dark (8)
23 Lands (7)
24 Questioned (5)

Down
2 Coral island (5)
3 Affectedly self-important (7)
5 Shackle (4,3,5)
6 Venomous snake (5)
7 Improves (7)
8 Not achievable (12)
14 Hotel complexes (7)
16 Detests (7)
18 Shadow seen during an eclipse (5)
20 In that place (5)

Crossword 117

Across
- **7** Attack (6)
- **8** Exploited (6)
- **9** Put footwear on a horse (4)
- **10** Expunging (8)
- **11** The Enlightenment (3,2,6)
- **14** The study of weather (11)
- **18** Rectifies (8)
- **19** Extends beyond (4)
- **20** Walk like a baby (6)
- **21** Octave (6)

Down
- **1** Out and about (2,3,2)
- **2** Mentioned (4)
- **3** Seller (6)
- **4** Spanish dish cooked in a shallow pan (6)
- **5** Area of extreme soil erosion (4,4)
- **6** Living creature (5)
- **12** Set aside, as a decision (8)
- **13** Stir up (7)
- **15** Go beyond (6)
- **16** Dared (6)
- **17** Automaton (5)
- **19** Large liquid containers (4)

Crossword 118

Across

7 Simple wind instrument (7)
9 Internal (5)
10 Heavy unit of weight (3)
11 Settled (9)
12 Performed (5)
14 Silhouette (7)
16 Congestion (7)
18 Journalistic slant (5)
19 Oversee (9)
20 Part of a circle's edge (3)
21 Writing (5)
22 Female deity (7)

Down

1 Wall hanging, perhaps (8)
2 Been located (4)
3 Tore (6)
4 Boneless meat (6)
5 Working with wool, perhaps (8)
6 Network of crossing lines (4)
8 Coming (11)
13 Cooking measurement (8)
15 Bodily exertion (8)
17 Fail to remember (6)
18 Corrects (6)
19 Drains (4)
20 Imitated (4)

Crossword 119

Across
1 Turns the mind (7)
5 Sturdy (5)
9 Form an idea of (13)
10 Most amusing (8)
11 Religious women (4)
12 Depress (5,4)
16 Ancient neck ornament (4)
17 Abstaining from alcohol (8)
19 Topsy-turvy (4,4,5)
21 Complete (5)
22 Individuals (7)

Down
2 Braking parachute (6)
3 Crackpot (9)
4 Apache abode (5)
6 Become ill (3)
7 Sets of twelve (6)
8 Wearing smart clothes, perhaps (6)
11 Those who have just arrived (9)
13 Indigenous (6)
14 Bottommost (6)
15 Sunk (6)
18 Spooky (5)
20 Female rabbit (3)

Crossword 120

Across
1 Breathing disorder (6)
5 Leisurely walk (6)
8 Young troublemaker (4)
9 Boxer (8)
10 Showy plants of the iris family (8)
11 Sample (4)
12 Variant chemical arrangement (6)
14 Give rise to (6)
16 Large, tailless primates (4)
18 Granting (8)
20 Widest (8)
21 Small, light-brown songbird (4)
22 Just (6)
23 Once per annum (6)

Down
2 Moves through a document (7)
3 Despised (5)
4 Fittingly (13)
5 In a way worthy of attention (13)
6 Connected (7)
7 Tilts to one side (5)
13 Error (7)
15 Principal (7)
17 Cleanse (5)
19 Fourth Greek letter (5)

Crossword 121

Across

1 Enlighten (5)
4 Potato skins (7)
9 Casual (8)
10 Affirm (4)
11 Not harmful (6)
12 Candid (5)
13 Expectorate (4)
15 Opposite of outs (3)
16 Castle (4)
17 Agave with sharp leaves (5)
19 Become wider (6)
21 Burn some meat, perhaps (4)
22 Currently operating (2,6)
23 Climbing (7)
24 Light touch (5)

Down

2 Ignoramus (5)
3 Blooms retailer (7)
5 Abruptly (3,2,1,6)
6 Australian marsupial (5)
7 Hiker (7)
8 Liberation (12)
14 Seer (7)
16 Be fooled by (4,3)
18 Christmas song (5)
20 Small nails (5)

Crossword 122

Across
7 Separate (6)
8 On fire (6)
9 Smallest component (4)
10 Stress (8)
11 Association (11)
14 Unnecessary to requirements (11)
18 Inefficient (8)
19 Finish with loops (4)
20 Of a population subgroup (6)
21 Completely preoccupy (6)

Down
1 Groom's number two (4,3)
2 Conceal in the hand (4)
3 Cheddar, eg (6)
4 College grounds (6)
5 Italian dessert (8)
6 Group of singers (5)
12 Not suspicious (8)
13 Dawn (7)
15 Result (6)
16 Track (6)
17 Sampling (5)
19 Nuisance (4)

Across

8 Intersected (7)
9 Frosting (5)
10 Parental sibling (5)
11 Mistrust (7)
12 Make the decisions (4,3,5)
16 Inattentive (6-6)
20 Chewed the fat (7)
23 Culinary herb (5)
24 Disney's flying elephant (5)
25 Disrobe (7)

Down

1 Advance spotter (5)
2 Masks (8)
3 Also (2,4)
4 Contributes (4)
5 Avoids (6)
6 You sometimes need to draw this (4)
7 Excessively conceited person (7)
13 Folded and sewn edge of cloth (3)
14 Exceed a limit (8)
15 Waterfall (7)
17 Country (6)
18 Not a single person (6)
19 Nearby (5)
21 Intentions (4)
22 Medicine (4)

Crossword 124

Across
1 Argue without hostility (4)
4 Observation of something unusual (8)
8 Complainer (6)
9 Large tropical lizard (6)
10 Plant with many fronds (4)
11 Hard copy (8)
13 Memoir (13)
16 Appeals (8)
19 Battery unit (4)
20 Savage (6)
22 Risky (6)
23 Shuts in (8)
24 Law (4)

Down
2 Oppress (9)
3 Verbally attack (3,4)
4 Cancel (5)
5 Steering (7)
6 Rely upon (5)
7 Religious mother (3)
12 Not serving a useful function (9)
14 Calls names (7)
15 Counsellor (7)
17 Up to (5)
18 Spirits (5)
21 Went for a fast jog (3)

Crossword 125

Across

7 Underwater missile (7)
9 Acquire knowledge (5)
10 High, snow-capped peak (3)
11 Apparent worth (4,5)
12 Sentry (5)
14 Pays attention (7)
16 Fugue companion, often (7)
18 Exterior (5)
19 Detestable (9)
20 Metal pole (3)
21 States firmly (5)
22 Provokes (7)

Down

1 Free from bends (8)
2 Device for catching animals (4)
3 Complained (6)
4 They keep your hands warm (6)
5 First in time (8)
6 Prefix meaning 'before' (4)
8 Rhythmic vibration (11)
13 Consented (8)
15 Unexpected (8)
17 After much delay (2,4)
18 Followed orders (6)
19 Harvest a crop (4)
20 The major part (4)

Across
- **1** Large, flightless bird (7)
- **5** Expels large quantities of (5)
- **9** Inconsistent (13)
- **10** Moved through a digital document (8)
- **11** Weeded with a certain tool (4)
- **12** Election nominee (9)
- **16** Not any (4)
- **17** Mixed (8)
- **19** Questioned an opposing witness (5-8)
- **21** Sizeable (5)
- **22** Concentration (7)

Down
- **2** Burn (6)
- **3** Explanation (9)
- **4** Move on hands and knees (5)
- **6** Tap something gently (3)
- **7** Heated up (6)
- **8** Pulled the leg of (6)
- **11** Unreliable (3-2-4)
- **13** Trader (6)
- **14** Unrefined (6)
- **15** Most recent (6)
- **18** Black playing card (5)
- **20** A group of related items (3)

Across

7 Lactase or pepsin, eg (6)
8 In a dormant state (6)
9 Walked (4)
10 Unmarried man (8)
11 Regard for your own person (4-7)
14 Set of laws (11)
18 Introduce (8)
19 Heat in a microwave (4)
20 Large wasp (6)
21 Indulgence (6)

Down

1 Madder (7)
2 Looked at with interest (4)
3 Small, rounded stone (6)
4 Crazy; eccentric (6)
5 Feline stray (5,3)
6 Nothings (5)
12 Common (8)
13 Employees, eg (7)
15 Imbeciles (6)
16 Young (6)
17 Notable descendant (5)
19 Immediately following (4)

Crossword 128

Across

8 Come to understand (7)
9 Tickle (5)
10 Side-to-side dimension (5)
11 Whirlwind (7)
12 Tight (5-7)
16 Incomprehensible (12)
20 Serve responses (7)
23 Copy and ___ (5)
24 Quiet; calm (5)
25 Reveal (7)

Down

1 Enlarges (5)
2 Avalanche, eg (8)
3 Things to see (6)
4 Courteous man (4)
5 Attic room (6)
6 Brass instrument (4)
7 Is in the right place (7)
13 Greasy food substance (3)
14 False idea (8)
15 Throw into confusion (7)
17 Anxiety (6)
18 Feature (6)
19 Maddening (5)
21 Damage, as in a muscle or ligament (4)
22 Squalid residential area (4)

Crossword 129

Across

1 In open view (6)
5 Fragrant spice root (6)
8 Very eager to hear (4)
9 Preserve (8)
10 Unicellular organisms (8)
11 Weighted weapon (4)
12 Quest (6)
14 Debt or obligation evader (6)
16 Trendy (4)
18 Gratuitous (8)
20 Unusual (8)
21 Conscious action (4)
22 Fluster (6)
23 Result of a negotiation (6)

Down

2 Improve (7)
3 Opposite of heavy (5)
4 All-inclusive (13)
5 Suffer stoically (4,3,4,2)
6 Saw (7)
7 Heroic tales (5)
13 Enrol (7)
15 Least difficult (7)
17 Doglike African mammal (5)
19 Long-handled spoon (5)

Crossword 130

Across

1 Parsley or sage (4)
4 Extraordinary (8)
8 Domiciled (6)
9 Dashes (6)
10 Italian greeting (4)
11 Lack of strength (8)
13 University student (13)
16 Purest (8)
19 'Be quiet' (4)
20 Thespians (6)
22 Calamitous (6)
23 Cordial (8)
24 Things that fail to work properly (4)

Down

2 Poignant (9)
3 Made to order (7)
4 Bereaved woman (5)
5 Paradise (7)
6 Tree secretion (5)
7 Four-stringed Hawaiian instrument (3)
12 Sated (9)
14 Estimated (7)
15 Not listened to (7)
17 Isolated (5)
18 Shabby (5)
21 Automobile (3)

Crossword 131

Across

7 A branch of mathematics (7)
9 Take advantage of (5)
10 Fish-and-chips fish (3)
11 Harmonious (9)
12 Raises (5)
14 Figures (7)
16 Shapes with four equal sides (7)
18 Attempts to hole a golf ball (5)
19 Meddle (9)
20 Pollinating insect (3)
21 Type of public protest (3-2)
22 Agitated (7)

Down

1 System of computation (8)
2 Ancient (4)
3 Mistreats (6)
4 Chaotic disorder (6)
5 Palest (8)
6 Group of countries (4)
8 Metes out (11)
13 XIV, to the Romans (8)
15 Bars temporarily (8)
17 Eager (6)
18 Add to the start (6)
19 Misfortunes (4)
20 Place a dead body in the earth (4)

Crossword 132

Across
1 Objective (7)
5 'Things' (5)
9 Involving dramatic change (13)
10 Aided (8)
11 Low in pitch (4)
12 Tool for gutting cod, eg (4,5)
16 Front of the leg between knee and ankle (4)
17 An immeasurably large quantity (8)
19 Small, spring-flowering bulb (5,8)
21 Become less intense (5)
22 Hostile (7)

Down
2 Apprehensive (6)
3 Piece of food (9)
4 Move train carriages about (5)
6 Darken the skin (3)
7 Cattle keeper, eg (6)
8 Infested (6)
11 Oversensitive (9)
13 Altitude (6)
14 Winged childlike being (6)
15 Declares (6)
18 Scam (5)
20 Flower container (3)

Across

1 Camera images (11)
9 Acting as a memorial (13)
10 Instructing a waiter (8)
12 Letters (4)
14 Cays (5)
15 Genuinely (5)
19 Complete emptiness (4)
20 Family member (8)
22 Betrayer (6-7)
24 Ending (11)

Down

2 Amateur radio operator (3)
3 Hypotheses (8)
4 Confine to home, for a kid (6)
5 Slightly open (4)
6 The masses (3,6)
7 Person in a play (5)
8 Preliminary rounds (5)
11 Deface (9)
13 Escape from prison (5,3)
16 Dodge (5)
17 Signal light (6)
18 Christmas-card adjective (5)
21 Unhappy (4)
23 One of seven deadly things (3)

Crossword 134

Across

7 Receipts (6)
8 Entertained (6)
9 Summit (4)
10 Made unhappy (8)
11 Choices (11)
14 Low-height forest plants (11)
18 Strews (8)
19 Sunbeams (4)
20 Edible produce of trees of the genus *Juglans* (6)
21 Still in existence (6)

Down

1 Fill with spirit (7)
2 Gently encourage (4)
3 Hot spring that sprays upwards (6)
4 Toughen (6)
5 Self-critical conscience (8)
6 Send on (5)
12 Polish; adjust (4-4)
13 Remaining (7)
15 Chooses (6)
16 Absolute truth (6)
17 Continental sea (5)
19 Decomposes (4)

Crossword 135

Across
1 Bird-related (5)
4 Woman in a play (7)
9 Magnificent; celebrated (8)
10 Clean with water (4)
11 Bunny (6)
12 Spread of values (5)
13 Kick out (4)
15 Hound (3)
16 Outlay (4)
17 Corkwood (5)
19 Try out (6)
21 Dance unit (4)
22 Doctrine (8)
23 Slipping (7)
24 Strict; meticulous (5)

Down
2 Luxurious Roman residence (5)
3 Circus performer (7)
5 Till (4,8)
6 Red-berried deciduous tree (5)
7 Female siblings (7)
8 Recommencement (12)
14 Relating to a circular path (7)
16 Complicated (7)
18 Cholesterol, eg (5)
20 Reasoning (5)

Crossword 136

Across

8 Keep from occurring (7)
9 Dissolve (5)
10 Appropriate (2-3)
11 Execute (7)
12 Captivity (12)
16 Options (12)
20 Ceased (7)
23 More reasonable (5)
24 Elector (5)
25 Chosen (7)

Down

1 Age (5)
2 Change the layout of (8)
3 Type of gundog (6)
4 At the summit of (4)
5 Bleak and lifeless (6)
6 Loosen, as in a knot (4)
7 Tropical or subarctic, eg (7)
13 Variation of reggae (3)
14 Forever (8)
15 Bulky and heavy (7)
17 Written account (6)
18 Topics for debate (6)
19 Self-respect (5)
21 Chooses, with 'for' (4)
22 Daily fare (4)

Crossword 137

Across
1 Common misconception (7)
5 Larceny (5)
9 Annual accounting period (9,4)
10 Occupant (8)
11 Plant's starting point (4)
12 Thunderstorm flash (9)
16 Cart for delivering heavy loads (4)
17 Took delivery of (8)
19 Donations (13)
21 Put on (5)
22 Sticks (7)

Down
2 Digressions (6)
3 Legal responsibility (9)
4 Recurring series (5)
6 Attention-grabbing word (3)
7 Painting borders (6)
8 Patterned Scottish cloth (6)
11 Empathetic (9)
13 Organ rupture (6)
14 Trial (3-3)
15 Small-minded person, informally (6)
18 Was able (5)
20 Attach a label (3)

Crossword 138

Across

1 Relating to the physical features of an area (12)
8 Walk (5)
9 Porridge ingredient (7)
10 Small boulder (4)
11 Draw near (8)
14 Nominating (6)
15 Spa bath (3,3)
17 Ambulance destination (8)
18 Attractively well-shaped, as a body part (4)
20 Most prying (7)
22 Loft (5)
23 Of the nervous system (12)

Down

1 Sickening (3-9)
2 Conquers (9)
3 Uncouth (4)
4 Punctual (6)
5 Domestic (8)
6 Mature (3)
7 In lexical order (12)
12 Bona fide (9)
13 Machine designer (8)
16 Fireplace shelf (6)
19 Pointed animal tooth (4)
21 Appeal formally (3)

Crossword 139

Across
1 Agricultural holding (4)
4 Atypical (8)
8 Planks (6)
9 Intoxicated (slang) (6)
10 Make a jumper, perhaps (4)
11 Formal vote for office (8)
13 The process of having a balanced diet (7,6)
16 Impressing upon (8)
19 Golden-yellow sea fish (4)
20 Arcane (6)
22 Extremely dirty (6)
23 Cause to feel anxious (8)
24 Fibrous (4)

Down
2 Decoration (9)
3 Nuptial (7)
4 Passage between seats (5)
5 Not any place (7)
6 Start again (5)
7 Bar order (3)
12 Possession (9)
14 Coiffure (7)
15 Young child (7)
17 Non-reflective paint finish (5)
18 Faux pas (5)
21 Yang's counterpart (3)

Across

7 Stretches with great effort (7)
9 Greeting word (5)
10 Garment, colloquially (3)
11 Millions of digital storage units (9)
12 Artist's stand (5)
14 Deleting (7)
16 Snob (7)
18 Strong feeling of annoyance (5)
19 Sentient (9)
20 Rapid stream of liquid (3)
21 Guide (5)
22 Less complex (7)

Down

1 In a way (2,2,4)
2 Alcoholic drink (4)
3 Gloomy (6)
4 Irrational fear (6)
5 Apparel (8)
6 Lots (4)
8 Proposals (11)
13 Experimental subjects (8)
15 Spiralling or circling (8)
17 Becomes subject to (6)
18 Take for granted (6)
19 Astrological transition point (4)
20 Shake abruptly (4)

Crossword 141

Across
- **8** In general (7)
- **9** Egg-shaped (5)
- **10** Economical with words (5)
- **11** Stick out (7)
- **12** Decrease in intensity (2-10)
- **16** Eighteen, in many countries (3,2,7)
- **20** Factual yearbook (7)
- **23** Multitude (5)
- **24** Escape (5)
- **25** Submerged in water (7)

Down
- **1** Odists (5)
- **2** Recover (8)
- **3** Strata (6)
- **4** Dolphin trick (4)
- **5** Circle of light (6)
- **6** Wizard (4)
- **7** Pounding (7)
- **13** State of agitation (3)
- **14** Unlettered (8)
- **15** Soft toffee (7)
- **17** Digit (6)
- **18** Place of education (6)
- **19** Transmits (5)
- **21** Wound by scratching and tearing (4)
- **22** Musical ending (4)

Crossword 142

Across

7 Health spa (6)
8 Doorkeeper (6)
9 Stick out the lips (4)
10 Forks (8)
11 The state of being a subject of a country (11)
14 Round brackets (11)
18 Demanded (8)
19 Crazes (4)
20 Materialize (6)
21 Degree (6)

Down

1 Down payment (7)
2 Outdoor garment (4)
3 Steady (6)
4 Talks (6)
5 Repeated learning of a skill (8)
6 Diamond, for example (5)
12 Conceives of (8)
13 Repairing (7)
15 With no part left out (6)
16 Cleans (6)
17 Not competent (5)
19 Solid oils (4)

Crossword 143

Across
- **1** Buildings for antiquities (7)
- **5** Maltreat (5)
- **9** Alikeness (13)
- **10** Pellet gun (3,5)
- **11** Reproduce (4)
- **12** Tolerant (9)
- **16** Tattle, at school (4)
- **17** Sank to a lower level (8)
- **19** Alteration of an opinion (6,2,5)
- **21** Sun-dried brick (5)
- **22** Male sibling (7)

Down
- **2** Perfect place (6)
- **3** Based on experimental evidence (9)
- **4** Recurring melody (5)
- **6** Sound intensity unit (3)
- **7** Workout exercises (3-3)
- **8** Without pride or dignity (6)
- **11** Assured (9)
- **13** Not so strict (6)
- **14** Technique (6)
- **15** Angle unit (6)
- **18** Overwhelmingly (2,3)
- **20** Small lump (3)

Crossword 144

Across
1 Room (5)
4 Full up (7)
9 Forgiving (8)
10 Cry of pain (4)
11 The sale of goods (6)
12 Enjoyed (5)
13 Lock of hair (4)
15 Many a time, in poetry (3)
16 Master of ceremonies (4)
17 Punctuation mark (5)
19 Say again (6)
21 Deliberately taunt (4)
22 Raised stage (8)
23 Gap (7)
24 Web-address punctuation symbol (5)

Down
2 Lying flat and face down (5)
3 White pool sphere (3,4)
5 Dictatorial (12)
6 Dress (5)
7 Converts to a cipher (7)
8 Writing tool (9,3)
14 Unfasten (7)
16 Sanguine (7)
18 The Romans once spoke it (5)
20 Soft glows (5)

Crossword 145

Across

1 Preceding days (4)
4 Street art (8)
8 Get free (6)
9 Consider identical (6)
10 Large, powerful carnivorous feline (4)
11 Illustrations (8)
13 Gossip network (4,9)
16 Crazy, colloquially (8)
19 Repeating program code (4)
20 Curved fruit (6)
22 Sultana (6)
23 Simulated (8)
24 Leaves (4)

Down

2 Entrance lobby (9)
3 Loyal (7)
4 Diving bird (5)
5 Transparency film (7)
6 Dowdy woman (5)
7 Tit for ___ (3)
12 Liable to detonate (9)
14 Remove (7)
15 Depending (7)
17 Pass, as a law (5)
18 Took a chance (5)
21 Target (3)

Crossword 146

Across
- **7** Physicians (7)
- **9** One having lunch, perhaps (5)
- **10** Male cat (3)
- **11** Shoving (9)
- **12** Portents (5)
- **14** Attack (7)
- **16** Type of shoulder bag (7)
- **18** Zones (5)
- **19** Headroom (9)
- **20** Fine hair (3)
- **21** Helm (5)
- **22** Illness (7)

Down
- **1** Variant printings (8)
- **2** Swindle (4)
- **3** Calendar divisions (6)
- **4** Official population count (6)
- **5** Manner (8)
- **6** Cross-dressing (4)
- **8** Aerodynamic (11)
- **13** Respected and admired (8)
- **15** Living-room display (2,6)
- **17** Barely (6)
- **18** Someone discriminating by seniority (6)
- **19** Bovine animals (4)
- **20** Young horse (4)

Crossword 147

Across
7 Salt counterpart (6)
8 Thumps (6)
9 Simmer (4)
10 Recurring at intervals (8)
11 Development (11)
14 Breeding (11)
18 Embracing (8)
19 Profit (4)
20 Dislike (6)
21 Flowing viscously (6)

Down
1 Correspondence (7)
2 Bring something up? (4)
3 Threefold (6)
4 Musical dramas (6)
5 Self-reliance (8)
6 Concede (5)
12 More bad-tempered (8)
13 Extremely old (7)
15 Month length in days? (6)
16 Common type of dove (6)
17 One doing sums? (5)
19 Lover's look (4)

Crossword 148

Across
1 Rubber drive band in an engine (3,4)
5 Artist's protective wear (5)
9 Very memorable (13)
10 Nomad (8)
11 Ruffian (4)
12 Wrong move (5,4)
16 Change from solid to liquid (4)
17 Really (8)
19 Perimeter (13)
21 Amounts owing (5)
22 Lengthy undertaking (7)

Down
2 Yearly (6)
3 Transmit (9)
4 Type of beer (5)
6 Extinct kiwi relative (3)
7 Hardened area of the skin (6)
8 Turmoils (6)
11 Adolescents (9)
13 Oleaginous (6)
14 Authoritarian government (6)
15 Trope (6)
18 Fashion (5)
20 Army bed (3)

Crossword 149

Across
- **8** Judging (7)
- **9** Horned African animal (5)
- **10** Bamboo-eating animal (5)
- **11** Imply (7)
- **12** Advocating (12)
- **16** Meat slicer (7,5)
- **20** Lived (7)
- **23** A decimal division (5)
- **24** Snap (5)
- **25** Placed (7)

Down
- **1** Proficient (5)
- **2** Animal with antlers (8)
- **3** Japanese emperor (6)
- **4** Roe (4)
- **5** Source (6)
- **6** The fourth dimension? (4)
- **7** Potential difference (7)
- **13** Big cup (3)
- **14** Unlimited (8)
- **15** Physics, eg (7)
- **17** Air inlet (6)
- **18** See (6)
- **19** Lamp cover (5)
- **21** Muslim leader (4)
- **22** Wooded valley (4)

Crossword 150

Across
1 Glued down, perhaps (5)
4 Photographic equipment (7)
9 Opposite of 'third power' (4,4)
10 Short nail (4)
11 Opportunity (6)
12 Scarcer (5)
13 Having an acid taste (4)
15 Soft, flat hat (3)
16 Semicircular projection from a building (4)
17 Gent, informally (5)
19 Was deficient in (6)
21 Talk to God? (4)
22 Improves (8)
23 Took on (7)
24 Sharp (5)

Down
2 Honesty (5)
3 Less dirty (7)
5 The study of humankind (12)
6 Participate (5)
7 Treaties (7)
8 System of names (12)
14 Proposed (7)
16 Antiquated (7)
18 Preserve (3,2)
20 Upright (5)

Crossword 151

Across

1 Lump (4)
4 Oily or icy (8)
8 Overlook (6)
9 Frothy (6)
10 Move fast, like clouds (4)
11 Less brave, informally (8)
13 Elucidation (13)
16 Ability to see (8)
19 Short burst of wind (4)
20 Evident (6)
22 Elaborately ornamental style (6)
23 Formal teaching sessions (8)
24 Machine for weaving cloth (4)

Down

2 By a process of reasoning (9)
3 Wider (7)
4 Sordid (5)
5 Extremely happy (7)
6 Keyboard instrument (5)
7 Go bad (3)
12 Honorific, as in a title (2,7)
14 Pugilist (7)
15 Average (7)
17 Single piece of paper (5)
18 Twists (5)
21 Word of support? (3)

Crossword 152

Across

7 Excited (7)
9 Association of workers (5)
10 Knave (3)
11 Tainting (9)
12 Discussion place (5)
14 Gradual destruction (7)
16 Take part in the hope of winning (7)
18 Someone who purchases something (5)
19 Extremely good (9)
20 'I'll pass' (3)
21 Thorax (5)
22 Junior (7)

Down

1 Particular (8)
2 Not naturally blonde, perhaps (4)
3 Consecrated oil (6)
4 Pope's envoy (6)
5 Environs (8)
6 Tight; close-fitting (4)
8 Dissimilarly (11)
13 Note to self (8)
15 Opposite of southern (8)
17 Glorifies (6)
18 Reverse a vehicle (4,2)
19 Visage (4)
20 Futile (2,2)

Crossword 153

Across

1 Alternatively (7)
5 Cinnamon or cloves (5)
9 Make a tough decision (4,3,6)
10 Freed (8)
11 Insect colony dwellers (4)
12 Scathing; mocking (9)
16 Listen (4)
17 Chuckling (8)
19 According to every report (2,3,8)
21 Not suitable for the situation (5)
22 Commanded (7)

Down

2 Fastened with a metal spike (6)
3 Amusement ground (5,4)
4 Pains (5)
6 Chum (3)
7 Design and make (6)
8 Tolerates (6)
11 Rave music, perhaps (4,5)
13 Basement (6)
14 Gorge (6)
15 Device for boiling water (6)
18 Certain sore, such as in the mouth (5)
20 Fleshy mouth opening (3)

Across

7 Do not deviate from (4,2)
8 Lives (6)
9 Eras (4)
10 Legible (8)
11 Investor (11)
14 Specifying (11)
18 Imposed (8)
19 Walk with heavy steps (4)
20 Make a contribution (6)
21 Intertwine (6)

Down

1 Prolonged (7)
2 Set of musical works (4)
3 An interval of five semitones (6)
4 Feature (6)
5 Connective tissue (8)
6 Shoplifted, perhaps (5)
12 Reasoned (8)
13 Having up-to-date knowledge (2,5)
15 Carton (6)
16 Long-handled spoons (6)
17 Get pleasure from (5)
19 Opposite of push (4)

Crossword 155

Across
1 Submerge (5)
4 Makes changes to (7)
9 Receive a degree (8)
10 Ceremony (4)
11 Take a firm stand (6)
12 Unseals an envelope (5)
13 Two-masted square-rigged ship (4)
15 Food regurgitated by ruminants (3)
16 Pelted along (4)
17 Post (5)
19 Vestiges (6)
21 Seaside rock pool animal (4)
22 Complete (8)
23 Lower in quality (7)
24 Worship (5)

Down
2 A show being broadcast again (5)
3 Culmination of a betrothal (7)
5 Initial requirement (12)
6 Crunchy green or red fruit (5)
7 All together (2,5)
8 Joined in (12)
14 Modesty (7)
16 Edible fish or shellfish (7)
18 Dark-brown pigment (5)
20 Keen (5)

Crossword 156

Across
1 Spring resorts (4)
4 Period without lights (8)
8 Compulsory (6)
9 Addicted (6)
10 Swami (4)
11 Higher than normal (8)
13 The jitters (6-7)
16 Avowed (8)
19 Moves with a curving trajectory (4)
20 Safe to be eaten (6)
22 Run out of money (2,4)
23 Draw (4,4)
24 Idea (4)

Down
2 Creators (9)
3 Give in (7)
4 Change opinion (5)
5 Attain (7)
6 Icelandic currency unit (5)
7 Take advantage of (3)
12 Physical workouts (9)
14 Outer limit (7)
15 Large cushion for sitting on (7)
17 Insert (5)
18 Single figure (5)
21 Expected (3)

Crossword 157

Across
7 Reproduction (7)
9 Give new weapons to (5)
10 Military leader (abbr) (3)
11 Required by etiquette (2,7)
12 Bend in the arm (5)
14 Scrubs (7)
16 Yelled (7)
18 A lot (5)
19 Interrupted (9)
20 Enthusiast (3)
21 Beethoven's last symphony (5)
22 Word formed from initial letters (7)

Down
1 Gun levers (8)
2 Bridge length (4)
3 Wall opening (6)
4 Mythical winged serpent (6)
5 Cellar (8)
6 Arab ruler (4)
8 Magic word (11)
13 Leafing through (8)
15 Words with very similar meanings (8)
17 Instructed (6)
18 Commands (6)
19 Do injury to, as in pride (4)
20 Finance (4)

Crossword 158

Across

8 Care (7)
9 Glorify (5)
10 Clear your plate (3,2)
11 Feature of a disease (7)
12 Indefensible (12)
16 Profligacy (12)
20 Brief shows of light (7)
23 Cooker alarm, eg (5)
24 Blood fluid (5)
25 Legendary bird (7)

Down

1 Pimpled (5)
2 Natural impulse (8)
3 Persons in general (6)
4 Finishes (4)
5 Sycophant (3-3)
6 Stop abruptly (4)
7 Thwarts (7)
13 Heated bath (3)
14 Changing into (8)
15 Always putting oneself first (7)
17 Not out (2,4)
18 Writer (6)
19 Representative (5)
21 Feeling; atmosphere (4)
22 Branch of a tribe (4)

Crossword 159

Across
1 Inane (6)
5 Paltry (6)
8 Heroic tale (4)
9 Improbable (8)
10 Press-gang (8)
11 Inner side of the foot (4)
12 The human mind (6)
14 Excessively (6)
16 Classic children's game (1,3)
18 Above the ground (2,3,3)
20 Someone who waffles (8)
21 Percussion instrument (4)
22 Member of a learned society (6)
23 Bigger (6)

Down
2 Educates (7)
3 Evident (5)
4 Offspring's wife (8-2-3)
5 Relating to diverse ethnic groups (13)
6 Clumsy (7)
7 Small, fragrant shrub (5)
13 Highly transparent glass (7)
15 Spare time (7)
17 Binge (5)
19 Senior (5)

Crossword 160

Across

1 Pennies, eg (5,6)
9 Fabricating (13)
10 Age of consent (8)
12 Prohibit (4)
14 Antagonist (5)
15 Ruin (5)
19 One of two equal parts (4)
20 Barely (8)
22 Problems; drawbacks (13)
24 Surplus to requirements (11)

Down

2 Sixty seconds (3)
3 Duration of a person's existence (8)
4 Bikes (6)
5 Feverish fit (4)
6 Rule of thumb (9)
7 Fossilized resin (5)
8 Inuit dwelling (5)
11 Adult males (9)
13 Performs surgery (8)
16 Sudden impact (5)
17 Frozen water spike (6)
18 Wandering person (5)
21 Run away (4)
23 Scull (3)

Crossword 161

Across
7 Workable; possible (6)
8 Likenesses (6)
9 Rent (4)
10 Abroad (8)
11 Intake (11)
14 Emotionless; without feeling (4-7)
18 Indications (8)
19 Saved computer document (4)
20 Cliquey witticism (2-4)
21 Imply (6)

Down
1 Tourist (7)
2 Double-reeded instrument (4)
3 Remove defects (6)
4 Most omniscient (6)
5 With dignity, musically (8)
6 Put off to a later time (5)
12 Zodiac creature (8)
13 Retrieve (7)
15 Cowhand (6)
16 Minor (6)
17 Fastening (5)
19 Festival; celebration (4)

1

R	O	M	A	N	C	E		K	E	T	C	H
	T		L		A	C		G		R		
P	H	I	L	A	N	T	H	R	O	P	I	C
	E		O		O		A			T		
P	R	O	C	E	E	D	S		L	O	I	N
	S		A				E		U		C	
		A	T	T	E	N	D	A	N	T		
	S		E		F			C		A		
S	T	U	D		F	L	U	S	H	I	N	G
	A				A		P		T		T	
I	M	P	E	R	C	E	P	T	I	B	L	E
	P		N		E		E		M		E	
A	S	I	D	E		A	R	R	E	A	R	S

2

E		S		U			H		S		K
T	I	T	A	N	I	C		A	S	P	E	N
C		I		I		O		S		E		E
E	R	R		T	I	M	E	S	C	A	L	E
T			E		R		L		K			
E	B	B	E	D		A	G	E	L	E	S	S
R		A			D			R		N		
A	B	S	E	N	C	E		G	U	S	T	O
		E		A		S		O				B
P	U	B	L	I	S	H	E	S		F	A	B
A		A		V		I		S		I		E
V	A	L	V	E		P	O	I	N	T	E	R
E		L		R				P		S		Y

3

A		A	M		S		T		S		M
G	A	R	B	A	G	E		E	X	T	R	A
R		M		I		M		C		U		R
E	X	I	S	T		I	N	H	A	B	I	T
E		N		A			N					Y
	B	A	K	I	N	G	P	O	W	D	E	R
P		R		A			A		E		S	
U	N	M	A	N	A	G	E	A	B	L	E	
T		I		L			L		A		B	
T	H	O	U	G	H	T		L	O	Y	A	L
I		W		H		I		E		I		E
N	O	N	E	T		E	N	G	I	N	E	S
G		S		S		D		E		G		S

4

T	E	N	S		M	O	U	N	T	I	N	G
	L		T		E		N		A		U	
D	E	M	A	N	D		D	E	B	A	T	E
	V		R		I		E		O			
P	A	N	T		A	I	R	F	O	R	C	E
	T		E		G			G		O		
C	O	R	R	E	S	P	O	N	D	I	N	G
	R			H			E			S		
E	S	T	I	M	A	T	E		S	E	T	S
		M		L		M		E		A		
G	L	O	B	A	L		E	N	R	O	B	E
E		U		O		R		T		L		
F	I	R	E	A	W	A	Y		S	E	E	N

5

	C		S		A		S		F		U	
C	O	M	P	E	L		O	N	R	U	S	H
A		R		U		O		I		E		
E	S	P	Y		M	A	N	A	G	E	R	S
T			N		E		E		H		S	
F	A	M	I	L	I	A	R	I	T	Y		
L		C		C			E		D			
	R	E	A	C	T	I	O	N	A	R	Y	
A		C		U		N			I		I	
E	X	T	R	A	C	T	S		D	O	Z	E
I		E		K		A		U		Z		
T	O	M	A	T	O		N	E	E	D	L	E
M		M		O		E		S		E		

6

S	C	R	I	M	P	S		C	R	I	B	S
	H		L		O		R		H		I	
F	O	L	L	O	W	T	H	R	O	U	G	H
	R		G		E		Y				G	
A	U	T	O	C	R	A	T		C	L	E	F
	S		T				H		O		R	
		S	T	A	T	E	M	E	N	T		
	A		E		O			D			D	
S	P	U	N		P	R	O	D	U	C	E	D
	L				I		B		C		D	
H	O	R	S	E	C	H	E	S	T	N	U	T
	M		O		S		S		E		C	
A	B	E	T	S		D	E	A	D	S	E	T

7

```
G N A S H ■ ■ P E R H A P S
■ U ■ I ■ P ■ N ■ O ■ ■ S ■
P R E G N A N T ■ L I A R
■ S ■ N ■ R ■ H ■ E ■ ■ L
R E C A N T ■ U P S E T ■
■ L ■ I ■ S ■ ■ ■ E ■
O N U S ■ C H I ■ L I R A
■ O ■ ■ ■ I ■ A ■ I ■
■ S L E E P ■ S Y N T A X
■ T ■ X ■ A ■ T ■ K ■ R
O R C A ■ N U I S A N C E
■ I ■ M ■ T ■ C ■ G ■ E
C L O S E S T ■ T E N D S
```

8

```
■ H E A R T A T T A C K ■
D ■ A ■ H ■ R ■ I ■ L ■ A
I N T H E M I D D L E O F
N ■ ■ T ■ S ■ E ■ V ■ I
E N C L O S E D ■ J E E R
D ■ A ■ R ■ S ■ D ■ R ■ E
■ S T A I R ■ O R D E R ■
Y ■ H ■ C ■ L ■ A ■ S ■ D
A H E M ■ D I A M E T E R
C ■ D ■ Z ■ Q ■ A ■ ■ I
H O R T I C U L T U R A L
T ■ A ■ N ■ O ■ I ■ A ■ L
■ E L E C T R O C U T E ■
```

9

```
A ■ N ■ L ■ ■ H ■ G ■ M
C H A T E A U ■ O Z O N E
Q ■ M ■ A ■ N ■ L ■ I ■ W
U S E ■ R E S I D E N T S
I ■ ■ N ■ P ■ U ■ G ■ ■
R O C K S ■ E X P O S E D
E ■ O ■ ■ C ■ ■ ■ O ■ I
S A M U R A I ■ F I N E S
■ ■ P ■ E ■ F ■ I ■ ■ C
P A R O C H I A L ■ E T A
I ■ I ■ A ■ E ■ T ■ R ■ R
N A S A L ■ D I E H A R D
T ■ E ■ L ■ ■ R ■ S ■ S
```

10

```
S ■ B ■ P ■ A ■ H ■ S ■ T
W E A P O N S ■ Y A H O O
I ■ C ■ U ■ P ■ P ■ O ■ P
M A K E R ■ S C H O O L S
S ■ B ■ E ■ E ■ ■ R ■ I
■ G O L D S T A N D A R D
A ■ N ■ ■ I ■ ■ R ■ E
C O E F F I C I E N T S ■
C ■ ■ L ■ ■ M ■ I ■ E
E X E C U T E ■ P A C E D
N ■ V ■ F ■ C ■ I ■ L ■ I
T H I E F ■ H A R V E S T
S ■ L ■ Y ■ O ■ E ■ S ■ S
```

11

```
■ S ■ A ■ M ■ B ■ S ■ W
M I L I E U ■ U N U S E D
■ L ■ D ■ E ■ R ■ P ■ E
W I P E ■ S W E E P I N G
■ C ■ ■ L ■ A ■ R ■ Y ■
C O N S T I T U T E S ■
■ N ■ E ■ ■ ■ ■ S ■ S
■ ■ W A R N I N G S H O T
E ■ R ■ U ■ E ■ ■ U ■
T R I C Y C L E ■ M I R E
O ■ H ■ L ■ D ■ E ■ C
A D H E R E ■ E R A S E S
E ■ S ■ I ■ D ■ D ■ S
```

12

```
S P O R T ■ P A R T I A L
■ R ■ I ■ I ■ R ■ U ■ M
D I S T I N C T ■ T H I N
■ O ■ U ■ D ■ I ■ T ■ A
A R G A L I ■ C L I M B
■ L ■ V ■ U ■ U ■ L ■
U S E S ■ I L L ■ F L E X
■ C ■ ■ D ■ A ■ O ■
■ H A I K U ■ T E R R O R
E ■ D ■ A ■ I ■ M ■ R
O R A L ■ L A N G U A G E
Z ■ E ■ L ■ G ■ L ■ A
G O O D B Y E ■ S A I N T
```

13

```
C L O C K W A T C H E R
O   B   I   L   H   R   C
N O T E D   B R A V A D O
V   A   S   U   I       I
E M I T   I M P R I S O N
R   N   F   S   M   P   C
S H I V E R   S A F A R I
A   N   A   M   N   G   D
T O G E T H E R   G H E E
I       H   S   M   E   N
O N E N E S S   O C T E T
N   A   R   E   O   T   A
  P R E S I D E N T I A L
```

14

```
O   I   P       C   A   F
F U S I L L I   I N C U R
F   L   E   N   C   I   O
E V E   D O G E A T D O G
N       G   R   D   T
D R I V E   A M A T E U R
E   N       T   S   E
R A V I O L I   M I T E S
I   R   T   A       T
I N T E R R U P T   A G O
F   I   E   D   R   N   R
F I N E R   E P I S T L E
Y   G   Y       X   I   D
```

15

```
M O S A I C   F R E E L Y
  P   O   O   U   T   A
S T A R   N O N S E N S E
  I   T   S   N   R   S
S C R A T C H Y   N O O N
A   I   B   A
B L O T T O   U N L E S S
  H   U   S       I
S P U R   S L I P P I N G
  I   O   N   N   H   G
E X C U S E M E   O N L Y
  I   G   S   S   T   E
M E S H E S   S P O U S E
```

16

```
  B E Y O N D D O U B T
O   E   I   E   R   O   S
F I L I N G C A B I N E T
F   T   E   S   E   O
A L A R M I N G   S C A R
L   T   E   T   P   H   Y
  S T U N S   C O L I C
H   O   T   A   R   N   O
O G R E   R E S T R A I N
R   N   D   R   R       E
S P E C I F I C A T I O N
E   Y   V   A   Y   R   D
  E S T A B L I S H E D
```

17

```
B A N A N A S   D R I N K
  V   L   W   S   E   O
R A D I O A C T I V I T Y
  T   G   R   A       A
P A I N L E S S   O A R S
  R   M   I   V   Y
    D E P R E S S E S
  V   N   A   R   F
W A I T   C I V I L W A R
  L   I   O   O   L
A U T O M A T I C A L L Y
  E   I   L   L   D   I
P S A L M   P A U S I N G
```

18

```
G R U B   A B A N D O N S
  E   U   G   S   E   I
U S E F U L   P O T A T O
  I   F   O   I   E
I D E A   W A R D R O B E
  E   L   I       A
U N F O R T U N A T E L Y
  C   A       H   L
R E C Y C L E D   I C E S
    E   K   U   R   R
S A L A M I   M A S S I F
  H   R   N   P   T   N
P A S S A G E S   Y U A N
```

Solutions

19

```
  F   O   A   S   B   M
S O C K E T   E A R W I G
  G   R   T   X   O   R
A L G A   A L T O C L E F
  A   I   E   C   S
I M A G I N A T I O N
  P   U       L   U
  A L L E G A T I O N S
  L   L   C   L     I
V A N I S H E D   L I C E
  R   B   O   E   E   O
E V O L V E   R E V E R T
  A   E   D   S   Y   N
```

20

```
U N R E M E M B E R E D
N   E   A   I   X   M   B
C H I C K   D I P L O M A
O   N   E   D   L     L
N E S T   M A H A R A J A
V   T   V   Y   I   M   N
I T A L I C   O N S P E C
N   T   R   N   S   L   E
C R E A T I O N   B I B S
I     U   I   B   T   H
N E R V O U S   E X U D E
G   U   S   E   G   D   E
  I N C O N S I S T E N T
```

21

```
  C O N S I S T E N C Y
S   H   O   U   O   H   S
C O M P L I M E N T A R Y
O     U   M   S   L   L
W H I S T L E S   S L O P
L   R   I   R   S   E   H
  E R R O R   G I A N T
O   I   N   B   T   G   S
N O T E   D O C U M E N T
I   A   W   R   A     R
C A T C H M E N T A R E A
E   E   O   A   E   U   Y
  E S T A B L I S H E S
```

22

```
M A M B O   T A N G R A M
  R   R   S   U   A   N
S O M E W H A T   M O N K
  M   A   A   H   E   O
F A C T O R   E A R L Y
    H   E   N       E
Y A K S   H O T   G O D S
  R     O   I   O
  R O Y A L   C A V E I N
  A   A   D   I   E   R
I N O N   E X T E R N A L
  G   K   R   Y   N   T
P E R S I S T   A S H E N
```

23

```
A L E S   I N H A B I T S
  I   T   N   E   R   I
A M O U N T   A L I E N S
  I   M   O   V   N
S T A B   W H I T E N E R
  L   L   E       C
D E T E R I O R A T I O N
  S     S     O   N
E S P R E S S O   A L O E
    E   U   S   S   M
P A N I N I   C I T R I C
  P   G   N   A   E   E
T E E N A G E R   R A S P
```

24

```
L A C T I C   F R I N G E
  N   A   O   U   N   U
T A L C   M I N I S T E R
  L   I   P   D   P   S
H Y S T E R I A   E A T S
  S     E   M   C
A T T A C H   E X T R A S
    X   E   N       B
A L T O   N I T R O G E N
  O   L   D   A   L   T
T U T O R I A L   I O T A
  S   T   N   L   V   E
J E T L A G   Y I E L D S
```

25

```
I  E  G  W  .  T  T  S  .  .  .  .  .
M  I  X  T  U  R  E  .  A  R  R  A  Y
P  A  I  .  T  R  .  E  .  N  .  .  .
L  E  M  O  N  .  S  T  I  C  K  T  O
Y  .  I  .  E  .  F  .  .  N  .  .  .
.  U  N  F  A  I  T  H  F  U  L  L  Y
U  .  E  .  E  .  .  .  I  .  M  .  .
S  U  R  R  O  U  N  D  I  N  G  S  .
E  .  .  W  .  .  N  H  .  D  .  .  .
L  I  C  E  N  S  E  .  A  S  T  E  R
E  .  O  .  I  .  B  R  .  E  .  A  .
S  H  O  W  N  .  B  L  O  S  S  O  M
S  .  K  .  G  .  S  .  W  T  .  A  .
```

26

```
S  C  H  .  .  .  F  .  R  .  F
T  E  R  M  I  N  I  .  A  R  E  N  A
R  A  .  D  .  N  .  L  .  G  .  D
E  G  G  .  D  E  T  E  C  T  I  V  E
S  .  .  E  .  O  .  O  .  S  .  .
S  T  E  R  N  .  L  U  N  A  T  I  C
E  .  V  .  E  .  .  .  E  .  E  .  O
S  T  A  G  G  E  R  .  A  P  R  O  N
.  .  S  .  A  .  T  .  .  T  .  T
E  X  I  S  T  E  N  C  E  .  T  O  R
N  .  O  .  H  .  C  .  M  .  U  .  A
V  E  N  U  E  .  E  X  P  I  R  E  S
Y  .  S  .  R  .  .  .  O  .  F  .  T
```

27

```
.  M  .  F  .  W  .  G  .  C  .  I
S  O  N  A  T  A  .  R  U  L  I  N  G
.  N  .  S  .  L  .  O  .  A  .  A
S  K  I  T  .  L  O  W  E  R  I  N  G
E  .  .  E  .  E  .  T  .  I  .  E
E  Y  E  C  A  T  C  H  I  N  G  .
.  S  .  O  .  .  .  E  .  D  .  D
.  I  M  P  L  I  C  A  T  I  O  N
B  .  P  .  E  .  O  .  .  L
R  E  L  I  E  V  E  D  .  G  Y  P  S
Z  .  L  .  E  .  I  .  A  .  H
R  E  V  E  A  L  .  N  A  P  K  I  N
L  .  R  .  S  .  G  .  S  .  N
```

28

```
S  C  O  P  E  .  R  U  B  B  I  S  H
.  R  .  L  .  C  .  N  .  L  .  P
M  A  H  A  R  A  N  I  .  I  C  O  N
.  M  .  N  .  L  .  V  .  N  .  N
S  P  H  E  R  E  .  E  V  I  L  S
.  .  T  .  N  .  R  .  .  O
G  E  T  S  .  D  O  S  .  T  A  R  O
N  .  .  A  .  .  I  .  R
.  H  Y  P  E  R  .  T  H  E  M  E  S
A  .  A  .  Y  .  I  .  A  .  L
A  N  O  N  .  E  J  E  C  T  I  O  N
C  .  T  .  A  .  .  S  .  E  .  P
D  E  S  S  E  R  T  .  I  D  L  E  S
```

29

```
T  R  A  N  S  M  I  S  S  I  O  N
E  .  D  .  O  .  R  .  W  .  V  .  D
M  O  D  E  S  .  O  R  I  G  A  M  I
P  .  R  .  O  .  N  .  T  .  .  .  F
E  W  E  S  .  M  I  S  C  H  I  E  F
R  .  S  .  G  .  C  .  H  .  S  .  E
A  S  S  A  I  L  .  M  E  M  O  I  R
T  .  E  .  F  .  U  .  S  .  L  .  E
U  P  D  A  T  I  N  G  .  R  A  I  N
R  .  .  .  W  .  F  .  T  .  T  .  T
E  M  P  O  R  I  A  .  A  L  I  B  I
S  .  E  .  A  .  I  .  X  .  O  .  A
.  P  R  O  P  O  R  T  I  O  N  A  L
```

30

```
T  R  I  O  .  A  R  B  O  R  E  A  L
.  E  .  T  .  D  .  E  .  E  .  C
S  C  O  T  C  H  .  L  O  I  T  E  R
.  O  .  O  .  O  .  I  .  K
O  V  U  M  .  C  H  E  M  I  S  T  S
.  E  .  A  .  V  .  .  .  V  .  A
F  R  I  N  G  E  B  E  N  E  F  I  T
.  E  .  M  .  .  .  .  A  .  L
A  D  O  R  A  B  L  E  .  G  O  O  D
.  .  .  U  .  R  .  T  .  E  .  R
A  Z  A  L  E  A  .  H  E  R  O  I  C
.  O  .  E  .  C  .  O  .  L  .  N
S  O  L  D  I  E  R  S  .  Y  O  G  A
```

31

O		H		M			G		A		H
C	R	I	T	I	C	S		H	A	S	T	Y

32

33

34

35

36

37

```
S . D . B . A . A . T . M
T R I L O G Y . N E R V E
R . N . N . E . G . U . S
I C O N S . S M O K E R S
P . S . A . . R . . . . A
. F A C I L I T A T I N G
H . U . C . . N . . . E .
A R R A N G E M E N T S .
P . . E . . . X . E . B .
P O S T A G E . C U R S E
I . A . T . X . E . E . A
L E G A L . A S S I S T S
Y . E . Y . M . S . T . T
```

38

```
A C I D I C . D R E D G E
. O . E . R . I . V . O .
C L U B . U N F A I R L Y
. L . U . I . F . L . E .
L A R G E S S E . E L M S
. G . . E . R . Y . . . .
M E T R I C . E J E C T S
. . I . O . N . . . . E .
O F F S . N O T I C I N G
. A . O . T . I . R . S .
C R I T E R I A . E D I T
. C . T . O . T . E . O .
R E C O I L . E X P A N D
```

39

```
S T A C K . . A F F A B L Y
. A . O . N . O . L . O .
F L A M B E A U . B U C K
. K . B . U . R . U . A .
T S H I R T . T E M P T .
. . . N . R . H . . E .
W I S E . A T E . S A S S
. N . . E . S . H .
. F U N G I . T R A U M A
E . O . Z . A . P . O .
E R G O . I N T H E B A G
. N . N . N . E . U . N .
F O R E I G N . S P A S M
```

40

```
C A R B O H Y D R A T E .
H . E . N . E . E . A . H
O V A R Y . L E C T U R E
R . S . X . L . K . . A
E G O S . G O T O O F A R
O . N . P . W . N . U . T
G U I T A R . F E R R E T
R . N . R . C . D . N . O
A R G U A B L E . D I S H
P . N . O . A . T . E .
H I D E O U S . S A U N A
Y . A . I . E . K . R . R
. I N C A N D E S C E N T
```

41

```
P . H . S . . H . S . F
R H U B A R B . O U T D O
E . M . F . A . T . I . N
C O S . E X C L A I M E D
E . L . K . I . U . .
D I A R Y . G A R B L E D
E . P . R . . U . A .
S O P R A N O . G A S S Y
. E . S . U . L . B
A N N O Y A N C E . R A Y
W . D . L . D . A . A . D
A D I E U . S A N G R I A
Y . X . M . . S . E . Y
```

42

```
C . A . S . A . R . W . S
A Q U A T I C . U N I T E
T . R . R . M . S . K . A
C R E D O . E C H O I N G
H . V . N . E . . U .
. L O N G I T U D I N A L
C . I . O . O . L .
H O R N O F P L E N T Y .
E . N . M . A . C
C O B B L E R . P E T T Y
K . I . I . L . I . S
E L F I N . B L O W O U T
D . F . E . S . Y . N . S
```

Solutions

43

```
  D   T   D   K   D   C
H E A R T H   U S A B L E
  V   O   A   N   Y   I
B E S T   R I G I D I F Y
  L   M   F   R   F
G O O D N A T U R E D
  P   I       A   G
    A S T R O N O M E R S
  R   P   O   A   U
R E M E M B E R   A R M S
  C   R   B   R   W   B
P U R S U E   O P E N L Y
  R   E   D   W   D   E
```

44

```
I D E A S   A S H T R A Y
  U   F   R   U   W   R
C O I F F E U R   A C T S
  M   E   L   P   N   D
G O T C H A   R O G U E
      T   T   I   C
S E E S   I F S   I R O N
  C   O   I   N
  H E R O N   N E S T E D
  E   I   S   G   T   V
C L O D   H A L L O W E D
  O   G   I   Y   C   N
U N K E M P T   S K A T E
```

45

```
A P P E A L S   A G E N T
  R   X   U   M   N   E
P E R P E N D I C U L A R
  F   E   C   D   R
L A U N C H E D   O M E N
  B   S   L   B   R
    B I G C H E E S E
  E   V   I   T   P
A C H E   N U M E R A L S
  L   E   E   U   E
M A T H E M A T I C I A N
  I   A   A   E   T   S
W R O T E   C R U S H E S
```

46

```
L A S S   P A C I F I E R
  B   C   A   O   E   Y
A D O R E S   V A L U E D
  O   A   T   E   O
S M U T   A C R O N Y M S
  I   C   U   I
I N T H E P I P E L I N E
  A   A   E   I
E L E C T R I C   T U S K
      O   T   R   D   T
C R A Y O N   E V O K E D
  O   P   E   E   W   R
O C C U R R E D   N O S E
```

47

```
F   A   G       O   A   S
A L F A L F A   R A B B I
R   A   I   B   P   O   R
F I R   D I S C H A R G E
L   E   T   A   T
U D D E R   R U N N I N G
N   Y   A   N   O
G E N E T I C   E D G E S
  A   I   T   N   T
R E M A R K I N G   W O E
U   I   I   O   A   A
B A C O N   N E G A T E D
S   S   G   E   T   Y
```

48

```
  D   R   D   S   M   B
D E V I C E   H E A V E N
  C   P   P   E   C   E
E A R S   A L L I A N C E
  G   R   V   H
F O R G E T M E N O T
  N   O       N   S
  S P E C I A L I S T S
  L   L   R   R   A
R E L A X I N G   G U T S
  V   C   M   U   O   I
D E L E T E   E B B I N G
  L   S   S   S   Y   G
```

49

A	C	O	R	N	■	■	W	H	E	E	L	I	E
■	O	■	E	■	R	■	A	■	M	■	N	■	
A	R	A	W	D	E	A	L	■	M	O	J	O	
■	G	■	R	■	G	■	F	■	E	■	U	■	
B	I	K	I	N	I	■	W	A	T	E	R	■	
■	T	■	S	■	A	■	■	■	E	■			
L	O	V	E	■	T	O	Y	■	S	A	S	H	
■	D	■	■	■	R	■	H	■	W	■			
■	D	O	G	M	A	■	O	R	A	N	G	E	
N	■	R	■	T	■	U	■	L	■	L	■		
D	E	M	O	■	I	N	S	U	L	T	E	D	
■	S	■	A	■	O	■	E	■	O	■	A	■	
A	S	I	N	I	N	E	■	T	W	I	N	S	

50

F	A	I	T	A	C	C	O	M	P	L	I	■
A	■	M	■	I	■	L	■	I	■	I	■	U
C	O	P	E	D	■	E	A	S	T	E	R	N
E	■	R	■	S	■	A	■	T	■	■	E	
T	I	E	S	■	I	N	T	A	N	D	E	M
H	■	S	■	T	■	S	K	■	I	■	P	
E	N	S	U	R	E	■	N	E	U	R	A	L
M	■	E	■	E	■	F	■	S	■	E	■	O
U	N	S	T	A	T	E	D	■	A	C	H	Y
S	■	■	S	■	W	■	M	■	T	■	M	
I	C	E	C	U	B	E	■	A	G	I	L	E
C	■	L	■	R	■	S	■	Y	■	N	■	N
■	A	F	T	E	R	T	H	O	U	G	H	T

51

M	■	C	■	C	G	■	P	■	W	■	C
A	S	O	C	I	A	L	■	E	M	A	I	L
N	■	T	■	R	■	U	■	D	■	D	■	A
O	P	T	I	C	■	T	O	A	D	I	E	S
R	■	O	■	L	■	■	N	■	■	S		
■	U	N	D	E	T	E	C	T	A	B	L	E
E	■	O	■	M	■	■	R	■	S			
C	O	N	S	E	Q	U	E	N	C	E	S	
O	■	■	X	■	E	■	T	■	I			
N	O	T	I	C	E	S	■	A	S	H	E	S
O	■	E	■	E	■	I	■	R	■	R	■	S
M	I	X	U	P	■	T	A	B	L	E	A	U
Y	■	T	■	T	■	E	■	Y	■	N	■	E

52

R	E	A	D	I	L	Y	■	A	B	B	O	T
■	A	■	O	■	I	■	W	■	I	■	B	
D	R	A	W	A	V	E	I	L	O	V	E	R
■	N	■	N	■	E	■	S	■	■	Y		
D	E	G	R	A	D	E	D	■	R	E	E	D
■	D	■	■	I	■	O	■	E	■	D		
■	A	G	R	E	E	M	E	N	T	■		
F	■	H	■	R	■	■	D	■	S			
F	E	E	T	■	A	R	C	H	I	V	E	S
A	■	S	■	H	■	T	■	V				
C	R	O	S	S	E	X	A	M	I	N	E	S
E	■	I	■	D	■	R	■	O	■	R		
A	D	O	P	T	■	A	M	E	N	D	E	D

53

■	O	■	F	■	L	■	D	■	P	■	A
P	U	M	I	C	E	■	A	R	R	I	V	E
■	T	■	L	■	T	■	H	■	O	■	O
S	C	U	M	■	H	O	L	D	D	O	W	N
■	R	■	A	■	I	■	U	■	S			
C	O	N	S	U	L	T	A	N	C	Y	■	
P	■	P	■	■	E	■	I					
■	R	E	M	E	M	B	E	R	I	N	G	■
S	■	E	■	D	■	R	■	■	H			
I	N	S	C	R	I	B	E	■	C	O	I	L
E	■	H	■	T	■	E	■	A	■	B		
T	A	K	E	T	O	■	Z	O	M	B	I	E
K	■	S	■	R	■	E	■	P	■	T		

54

P	E	R	C	H	■	F	I	R	S	T	L	Y
■	T	■	O	■	F	■	N	■	P	■	O	
S	H	O	R	T	E	S	T	■	O	M	I	T
■	I	■	R	■	E	■	E	■	O	■	T	
A	C	T	U	A	L	■	R	I	F	L	E	
■	P	■	T	■	M	■	M	■	R			
P	L	O	T	■	H	U	E	■	A	L	S	O
■	E	■	E	■	D	■	N	■				
■	G	E	T	U	P	■	I	N	A	W	A	Y
■	I	■	O	■	I	■	A	■	L	■	L	
A	B	E	T	■	N	A	T	I	O	N	A	L
■	L	■	A	■	C	■	E	■	G	■	R	
H	E	A	L	T	H	Y	■	P	Y	G	M	Y

55

A		W		O			M		T			C
C	A	R	A	V	A	N		I	R	O	N	Y
O		E		E			E		N		R	A
U	R	N		R	E	W	R	I	T	T	E	N
S			L		S		M		O			R
T	E	D	D	Y		L	E	A	V	I	N	G
I		O			E				S		R	
C	O	M	F	O	R	T		P	I	E	C	E
	E		B		T		O				A	
D	I	S	C	O	V	E	R	S		R	U	T
E		T		I		R		T		A		E
E	X	I	T	S		S	T	A	R	V	E	S
M		C		T			L		E		T	

56

D		K		V		S		N		K		W
A	C	E	T	O	N	E		A	N	I	M	A
I		Y		O		R		U		W		R
R	A	B	I	D		F	A	S	H	I	O	N
Y		O		O		E						I
	V	A	P	O	R	I	Z	A	T	I	O	N
D		R		O				N			N	G
I	N	D	E	P	E	N	D	E	N	C	E	
O		E		M				I			S	
R	E	F	U	S	E	D		B	A	D	G	E
A		I		E		O		E		E		A
M	E	R	I	T		O	R	D	I	N	A	L
A		E		A		R		S		T		S

57

M	A	N	D	A	T	E		T	W	I	S	T
	L	E		A		M		A		W		
D	I	S	T	I	N	G	U	I	S	H	E	D
	G		A		G		S				A	
A	N	E	C	D	O	T	E		S	I	T	S
	S		H		U		U				S	
		N	I	G	H	T	M	A	R	E		
U		N		Y				R		B		
S	N	A	G		B	L	O	W	O	V	E	R
		S		R		W		U		F		
G	U	A	R	D	I	A	N	A	N	G	E	L
		R		I		D		E		D		L
L	E	M	M	A		T	R	E	S	T	L	E

58

	S	C	H	O	L	A	R	S	H	I	P	
A		O		V		S		C		N		I
B	R	O	K	E	N	H	E	A	R	T	E	D
A		R		O		M		R		L		
C	O	I	F	F	U	R	E		F	I	N	E
K		M		L		E		H		N		R
	S	P	O	O	L		C	O	A	S	T	
A		O		W		R		O		I		U
D	A	R	N		R	E	F	L	E	C	T	S
A		T		U		P		I				U
G	R	A	N	D	D	A	U	G	H	T	E	R
E		N		O		I		A		A		P
	S	T	U	N	G	R	E	N	A	D	E	

59

S	C	E	N	I	C		C	U	S	T	O	M
	H		O		O		O		U		N	
B	R	I	O		M	I	N	O	R	I	T	Y
	O		S		P		V		N		A	
U	N	D	E	R	L	I	E		A	M	P	S
	I			E		R		M				
S	C	R	E	A	M		S	T	E	P	I	N
		T		E		A			N			
E	T	C	H		N	E	T	W	O	R	K	S
	I		I		T		I		D		W	
S	T	A	C	C	A	T	O		I	D	E	S
	L		A		R		N		U		L	
R	E	A	L	L	Y		S	I	M	P	L	E

60

O		A		E			L		I			B
F	O	X	T	R	O	T		E	N	S	U	E
F		L		A		E		A		O		N
E	W	E		S	T	R	U	G	G	L	E	D
R				E		M		U		A		
I	N	T	E	R		I	N	E	R	T	I	A
N		R		N					E		E	D
G	R	A	N	D	P	A		J	U	D	G	E
	N		R		T		I					Q
D	I	S	P	O	S	I	N	G		F	L	U
U		F		W		O		S		R		A
P	A	E	A	N		N	E	A	R	E	S	T
E		R		S			W		T			E

61

```
.  C  I  B  .  P  .  A  .  C  .
W  A  D  D  L  E  .  O  C  U  L  A  R
.  S  .  L  .  H  .  E  .  G  .  U  .
S  T  A  Y  .  A  S  T  E  R  I  S  K
.  L  .  L  .  I  .  A  .  E  .
C  E  R  T  I  F  I  C  A  T  E  .
.  S  .  R  .  .  I  .  F  .
.  C  O  N  F  E  R  E  N  C  E  S
A  .  U  .  O  .  E  .  L
O  D  D  B  A  L  L  S  .  E  E  L  S
U  .  L  .  D  .  E  .  U  .  O
F  L  E  E  C  E  .  T  H  R  O  W  S
T  .  S  .  R  .  S  .  O  .  S
```

62

```
E  F  F  O  R  T  S  .  A  D  D  L  E
.  U  .  P  .  E  .  S  .  U  .  E
I  N  T  E  R  N  A  T  I  O  N  A  L
.  D  .  R  .  E  .  I  .  .  V
P  E  D  A  N  T  I  C  .  L  I  E  N
.  D  .  T  .  .  K  .  A  .  S
.  .  M  O  D  I  F  Y  I  N  G  .
.  I  .  R  .  N  .  .  D  .  S
O  R  E  S  .  F  L  I  M  S  I  E  R
.  O  .  E  .  C  .  C  .  A
I  N  C  O  N  C  E  I  V  A  B  L  E
.  E  .  N  .  T  .  E  .  P  .  E
E  D  G  E  D  .  F  R  I  E  N  D  S
```

63

```
P  .  F  .  R  .  S  .  O  .  S  .  L
E  M  I  N  E  N  T  .  L  L  A  M  A
A  .  L  .  C  .  E  .  D  .  R  .  R
C  A  M  E  O  .  M  E  E  T  I  N  G
H  .  N  .  U  .  S  .  .  E
.  C  O  R  P  O  R  A  T  I  O  N  S
S  .  I  .  I  .  .  U  .  T
I  R  R  I  T  A  B  I  L  I  T  Y  .
T  .  .  R  .  Y  .  R  .  S
U  N  E  Q  U  A  L  .  R  E  A  C  T
A  .  V  .  S  .  E  .  I  .  G  .  A
T  R  E  A  T  .  N  U  C  L  E  U  S
E  .  N  .  S  .  S  .  S  .  D  .  H
```

64

```
W  A  I  S  T  .  S  T  R  E  T  C  H
.  C  .  E  .  G  .  R  .  A  .  R
T  H  E  S  A  U  R  I  .  T  A  U  T
.  E  .  S  .  A  .  U  .  E  .  I
E  D  G  I  E  R  .  M  I  N  E  S
.  O  .  A  .  P  .  .  E
S  C  A  N  .  N  T  H  .  W  A  R  D
.  R  .  T  .  A  .  A  .
.  A  L  I  K  E  .  L  O  S  I  N  G
.  C  .  D  .  E  .  I  .  S  .  Y
O  K  A  Y  .  I  N  S  T  A  L  L  S
.  U  .  L  .  N  .  M  .  I  .  O
A  P  O  L  O  G  Y  .  P  L  A  N  E
```

65

```
P  A  I  R  .  S  E  C  U  R  I  T  Y
.  L  .  E  .  T  .  O  .  O  .  O
S  T  A  T  U  E  .  N  O  S  H  E  S
.  E  .  R  .  E  .  M  .  T  .
A  R  I  A  .  P  R  O  V  I  N  C  E
.  N  .  C  .  .  T  .  .  A
B  A  P  T  I  S  M  O  F  F  I  R  E
.  T  .  .  M  .  .  A  .  D
M  E  R  C  H  A  N  T  .  C  U  B  S
.  .  R  .  S  .  A  .  T  .  O
O  A  F  I  S  H  .  S  L  O  G  A  N
.  D  .  M  .  E  .  K  .  R  .  R
A  S  S  E  S  S  E  S  .  S  I  D  E
```

66

```
P  A  Y  O  F  F  .  I  C  I  E  S  T
.  N  .  R  .  U  .  N  .  N  .  I
H  A  H  A  .  N  A  T  I  V  I  T  Y
.  G  .  T  .  C  .  E  .  E  .  E
O  R  I  E  N  T  A  L  .  N  E  S  S
.  A  .  .  I  .  L  .  T  .
E  M  B  R  Y  O  .  E  A  S  I  L  Y
.  .  E  .  N  .  C  .  .  E
O  P  A  L  .  A  C  T  O  F  G  O  D
.  E  .  I  .  L  .  U  .  O  .  P
A  N  G  E  L  I  C  A  .  R  O  A  R
.  C  .  V  .  T  .  L  .  C  .  R
C  E  L  E  R  Y  .  S  P  E  E  D  S
```

Solutions

67

E		A		D			V		T		V
S	O	C	K	E	T	S		A	B	O	V	E
S		N		P		T		S		U		I
E	K	E		E	L	E	C	T	O	R	A	L
N			N		W		L		I			
C	A	S	E	D			A	L	Y	S	S	U	M
E		T				R			T			I
S	O	U	N	D	E	D		B	U	S	E	S
		F		I		S		A				L
R	E	F	R	E	S	H	E	D		V	I	E
I		I		S		I		D		O		A
L	U	N	G	E			P	R	I	N	T	E	D
E		G		L					E		E	S

68

S		S		S		B		P		R		O
C	O	U	R	A	G	E		A	M	O	U	R
U		D		F		E		T		T		E
D	O	D	G	E			R	A	I	S	I	N	G
S		E		S				N				A
	I	N	S	T	A	L	L	A	T	I	O	N
A		L			U			N				O
C	R	Y	P	T	O	G	R	A	P	H	Y	
A			H			N			I			S
D	E	N	Y	I	N	G		C	U	B	I	C
E		E		R		A		H		I		A
M	O	O	N	S			P	L	O	T	T	E	R
Y		N		T		E		R		S		E

69

	S	P	E	C	U	L	A	T	I	O	N	
A		E		U		O		R		V		S
R	E	A	R	R	A	N	G	E	M	E	N	T
G			R		E		E		E		R	E
U	M	B	R	E	L	L	A		S	W	A	P
E		A		N		Y		E		H		S
	S	T	O	C	K		E	X	P	E	L	
S		T		Y		D		E		L		A
C	O	L	T		W	E	L	C	O	M	E	D
O		E		A		T		U		E		D
U	N	C	O	M	F	O	R	T	A	B	L	E
R		R		M		U		E		Y		D
	H	Y	P	O	C	R	I	S	I	E	S	

70

	G	R	A	M	M	A	T	I	C	A	L	
I		I		E		R		N		G		S
N	I	C	K	S		C	O	T	T	A	G	E
H		O		O		H		E		P		T
A	N	T	E	N	N	A		G	R	E	A	T
B		T						E				L
I	N	A	P	P	R	O	P	R	I	A	T	E
T			A		L			V				M
A	S	P	I	C		O	B	S	C	E	N	E
N		U		K		G		U		R		N
T	I	M	P	A	N	I		S	M	A	R	T
S		P		G		S		H		G		S
	A	S	C	E	R	T	A	I	N	E	D	

71

A	S	K	I	N	G		P	A	D	D	L	E
	T		O		O		R		I		I	
D	E	A	N		T	H	E	O	R	E	M	S
	R		I		H		S		E		B	
D	I	S	C	R	E	T	E		C	A	S	H
L			W		N		T					
L	E	N	G	T	H		T	E	S	T	E	D
		O		O		A						N
U	S	E	R		L	I	T	E	R	A	R	Y
	W		I		E		I		E		O	
B	A	L	L	Y	H	O	O		T	H	U	D
	M		L		O		N		R		T	
S	P	R	A	N	G		S	T	O	N	E	S

72

D	A	M	P	E	S	T		S	C	A	R	F
	B		L		P		A		A		A	
E	S	T	A	B	L	I	S	H	M	E	N	T
O		I		I		S					G	
B	R	U	N	E	T	T	E		P	E	E	K
	B		T		N		H		D			
		V	I	O	L	A	T	I	O	N		
C		F		O				T		R		
C	H	E	F		C	O	M	P	O	S	E	D
U			A		O		C		G			
G	R	A	V	I	T	A	T	I	O	N	A	L
	C		E		E		O		P		I	
C	H	A	T	S		P	R	A	Y	I	N	G

73

```
S T A G . . O B S C U R E D
. O . N . . N . T . N . O .
A L L O W S . . R A T I N G
. E . C . E . A . I . . . .
C R O C . T E N D E N C Y .
. A . H . G . . . . O . . .
E N L I G H T E N M E N T .
. C . . . A . . . U . F . .
M E E T I N G S . N A I L .
. . . R . G . H . D . G . .
A L B I N O . A B A C U S .
. E . E . U . K . N . R . .
C A S S E T T E . E P E E .
```

74

```
T U M M Y . . G A R B L E S
. S . O . A . C . A . . C .
C H U T Z P A H . Y E L L .
. E . I . P . I . O . . I .
G R A V E L . E Q U I P . .
. E . I . V . . . S . . . .
R E F S . C U E . . I C E D
. M . . . A . M . N . . . .
. B L A S T . E X I T E D .
. A . F . I . N . . T . T .
E R S T . O U T R I G H T .
. G . E . N . S . A . E . .
T O U R I S T . S L U R P .
```

75

```
. D O U B L E C R O S S .
B . R . R . L . U . T . F
A R C H I T E C T U R A L
D . . N . V . S . A . A .
D E S I G N E D . I T E M
Y . H . I . N . C . E . E
. T O W N S . C O U G H .
E . R . G . D . N . I . U
V A T S . S E R V I C E S
I . H . O . F . I . . . I
C H A I N R E A C T I O N
T . N . C . C . T . N . G
. A D V E R T I S I N G .
```

76

```
B . O . S . . . S . A . W
R O B O T I C . C O M M A
E . E . A . H . H . E . N
A N Y . C L O S E K N I T
T . . K . L . M . D . . .
H O P E S . E N E M I E S
E . R . S . . . N . . . E
D E E P S E T . U R G E S
. P . T . E . N . . . . S
S C A R E C R O W . S K I
U . R . E . O . I . U . O
C L E A R . L A N T E R N
K . S . S . . . D . S . S
```

77

```
P E R I O D S . T H I C K
. L . N . E . S . O . R .
B I T S A N D P I E C E S
. X . P . S . A . . . D .
C I T I Z E N S . P R I M
. R . R . M . R . R . T .
. . D I M E N S I O N . .
M . N . L . . . M . R . .
S O N G . D I A G O N A L
. T . . . E . L . T . V .
P H I L O S O P H I C A L
. E . O . T . H . N . G .
T R A P S . L A U G H E D
```

78

```
S C A T . S O F T W A R E
. O . O . H . U . O . O .
U N T R U E . R E M E D Y
. C . T . L . L . E . . .
B E A U . F O O T N O T E
. R . R . N . . . E . . .
I N V E S T I G A T O R S
. E . . . R . . . A . R .
A D V I S E R S . R A I L
. . . R . M . A . T . F .
E N T O M B . F I L L I N
. I . N . L . E . E . E .
P L A S T E R S . T O S S
```

79

```
P . O . B . F . S . M . H
S U B S I D E . T H E T A
Y . S . A . N . R . M . N
C I T E S . D E A D E N D
H . R . E . I . . . . . L
. Q U E S T I O N A B L E
T . C . . M . . . . E . R
A N T I C I P A T I N G .
D . . . O . . O . E . . L
P U R S U E S . K O F T A
O . I . P . I . E . I . P
L O T T O . L E N G T H S
E . E . N . L . S . S . E
```

80

```
. E . C . S . F . C . . S
I N J U R E . A R O U N D
. T . T . R . B . N . . E
V I B E . V E R I F I E D
. T . . . E . I . E . . R
E L E C T R I C I T Y . .
. E . R . . . . . T . . A
. . S U S C E P T I B L E
. M . S . U . O . . . . L
W I T H D R A W . M A T S
. S . I . V . E . A . . O
S T A N C E . R A R E L Y
. S . G . S . S . K . . D
```

81

```
. C O M E U N S T U C K .
M . W . N . O . O . L . A
I L L U S T R A T I O N S
M . . . U . M . S . S . S
I M P E R I A L . B E T A
C . A . I . L . D . . . Y
. S T I N T . B O R O N .
S . R . G . D . L . W . A
T O O K . P R O L O N G S
E . L . O . E . I . . . K
A C C I D E N T P R O N E
L . A . E . C . O . W . W
. G R A S S H O P P E R .
```

82

```
A . K . T . . . . H . T . F
C O N B R I O . O T H E R
A . O . A . P . R . O . E
D U B . D E P A R T U R E
E . . E . O . O . S . . .
M Y T H S . R E R E A D S
I . E . . T . . . N . . I
C A R I B O U . P E D A L
. . A . O . N . A . . . L
D E B U G G I N G . K O I
I . Y . G . S . O . I . E
P E T A L . M O D U L E S
S . E . E . . . A . N . T
```

83

```
T A C T I C . A L M O N D
. W . O . O . D . I . O .
B E A K . L E M O N A D E
. S . E . L . I . U . E .
M O U N T A I N . T A S K
. M . . B . I . E . . . .
G E L A T O . S I S T E R
. . . R . R . T . . M . .
D O N G . A R R E S T E D
. P . U . T . A . E . R .
F E M I N I S T . R U G S
. R . N . O . O . I . E .
M A R G I N . R E F U S E
```

84

```
P A S T . S U C C E E D S
. S . H . T . A . L . . I
G R E E D Y . S L A V E S
. E . O . L . H . T . . .
A G A R . I N C R E A S E
. A . E . . . O . . . . U
F R O M T H E W O R D G O
. D . . . E . . . E . . A
A S S U M I N G . N E R D
. . . S . G . I . A . . C
S P L A S H . F A M O U S
. I . G . T . T . E . . B
A C C E S S E S . D R E W
```

Solutions

85

S	T	I	C	K		W	H	E	R	E	A	S
	O		O		H		A		A		R	
F	O	U	N	T	A	I	N		D	U	T	Y
	T		C		B		D		O		I	
T	H	I	E	V	E		K	I	N	D	S	
	R		A		E						T	
A	B	U	T		S	I	R		W	A	S	P
	U		C		C		O					
	S	E	T	T	O		H	O	R	R	I	D
	S		I		R		I		R		D	
S	T	A	T		P	R	E	F	I	X	E	S
	O		A		U		F		E		A	
A	P	T	N	E	S	S		O	D	D	L	Y

86

	M		F		T		F		A		S	
K	I	L	L	E	R		A	B	B	E	Y	S
	N		A		I		T		S		N	
T	I	C	K		V	A	C	A	T	I	O	N
	M		I		A		R		D			
S	U	B	S	T	A	N	T	I	A	L		
	M		H				C			C		M
		C	O	R	R	E	L	A	T	I	O	N
S		P		A		E				N		
T	E	M	P	T	I	N	G		S	H	I	P
R		I		N		E		M		T		
A	V	E	N	U	E		N	E	U	R	O	N
E		G		D		D		G		R		

87

H	A	N	D	F	U	L		S	A	U	C	E
	P		A		R		B		R		L	
P	O	S	S	I	B	I	L	I	T	I	E	S
	G		T		A		A				V	
R	E	M	A	I	N	E	D		E	Y	E	S
	E		R				E		M		R	
	A	D	D	R	E	S	S	E	E			
	D		L		A				R		A	
V	E	R	Y		T	H	O	U	G	H	T	S
	T		I		I		O		E		E	
D	E	V	E	L	O	P	M	E	N	T	A	L
	S		L		S		P		C		S	
S	T	E	M	S		T	H	I	E	V	E	S

88

A		A		J				S		C		R
D	U	L	L	A	R	D		C	H	O	S	E
V		A		R		E		R		N		A
A	B	S		G	L	A	D	I	A	T	O	R
N				O		F		M		A		
C	A	B	I	N		A	S	P	E	C	T	S
E		U				S		T		T		E
D	I	L	E	M	M	A		R	I	S	E	N
		L		E		P		I				S
D	R	E	S	S	D	O	W	N		P	H	I
E		T		S		S		G		U		B
S	E	I	Z	E		T	H	E	R	M	A	L
K		N		S				D		A		Y

89

S		C		S		P		H		E		P
O	P	A	Q	U	E	R		U	N	D	E	R
U		F		P		O		M		G		E
N	I	E	C	E		F	L	A	R	E	U	P
D		N		R				N				A
	D	O	U	B	L	E	D	E	C	K	E	R
S		I				B				N		E
P	E	R	T	U	R	B	A	T	I	O	N	
R				N				A		C		A
A	D	A	P	T	E	D		I	N	K	I	N
W		I		U		R		L		I		I
L	Y	R	I	C		A	M	O	U	N	T	S
S		S		K		T		R		G		E

90

R	O	M	P		S	C	H	M	A	L	T	Z
	V		L		P		A		D		E	
D	E	F	A	M	E		B	A	L	S	A	M
	R		T		N		I		I			
S	H	O	E		D	A	T	A	B	A	S	E
	E		A				A				T	
M	A	N	U	F	A	C	T	U	R	E	R	S
	D				L				E		E	
A	S	S	E	S	S	E	D		F	I	S	T
		Q		O		O		O		R		S
J	A	G	U	A	R		S	T	A	T	I	C
	W		A		A		E		I		N	
F	E	E	L	I	N	G	S		N	A	G	S

Solutions

91

```
C A M E R A   E V E N L Y
  V   L   G   N   X   E
G A M E   A T T A C H E D
  R   C   I   E   E   R
L I S T E N E R   E A S Y
  C   A   T   D
L E S S O N   A B S U R D
      P   D   I       U
H E A R   A N N O Y I N G
  A   I   G   M   O   D
T R U N C A T E   D O O M
  T   G   I   N   E   W
C H O S E N   T A L E N T
```

92

```
  D   L   P   R   I   R
N E G A T E   O U N C E S
  S   I   L   T   S   P
S K I D   O U T L I N E D
  T       T   E   G   L
C O M P L A I N I N G
  P   R           I   E
    F O R E S E E A B L E
  M   P   N   N       D
B E L O N G E D   B R E D
  N   S   I   I   A   R
T U R E E N   N I C E L Y
  S   D   E   G   K   Y
```

93

```
F E T C H   A D V A N C E
  G   L   M   E   S   A
F R E E Z E U P   C U L T
  E   A   L   A   O   L
S T E R E O   R A T I O
      E   D   T       U
U S E D   R A M   W I S H
  U   A   E   E
  P R I S M   N U A N C E
  P   N   A   T   T   O
G O L F   T E A C H I N G
  R   E   I   L   E   E
A T T R A C T   P R A Y S
```

94

```
A   A   P   S   T   I   C
B I L L I O N   A U D I O
Y   F   C   O   T   L   G
S I R E N   B E T W E E N
S   E   I   O       A
  P S Y C H O L O G I S T
A   C       A       N   E
P R O D U C T I V I T Y
P   N       I   E   L
E N J O Y E D   S E N S E
A   O   O   E   I   D   A
S T I N K   F L O W E R S
E   N   E   T   N   D   T
```

95

```
  F A L L T H R O U G H
S   I   E   E   V   R   S
H U R R I C A N E L A M P
O   S   D   R   P   I
O B S C U R E R   S H U T
K   C   R   R   A   I   E
  S H E E R   F L E C K
A   E   D   P   T   A   A
L I D S   G L E E C L U B
O   U   B   A   R       O
H E L T E R S K E L T E R
A   E   A   M   G   E   T
  A D I M E A D O Z E N
```

96

```
A L L I U M S   I T E M S
O   N   O   S   A   O
A U T H O R I T A R I A N
D   I   A   A       N
V E R B A L L Y   W H E Y
R   I       E   I   D
    S T U P I D I T Y
  S   E   A       N   M
F I N D   S I C K E N E D
L       S   H   S   R
G E T T H E M E S S A G E
N   I   S   A   E   E
S T O P S   E P I S O D E
```

97

B	A	L	L	O	T		D	R	I	V	E	S
	N		Y		E		O		N		A	
M	I	N	I		C	L	U	S	T	E	R	S
	M		N		H		B		E		N	
M	A	R	G	I	N	A	L		R	I	S	E
	L			O		E		I				
A	S	T	R	A	L		J	U	M	P	O	N
		E		O		O				W		
I	B	I	S		G	R	I	N	D	I	N	G
	O		O		I		N		R		G	
I	M	P	L	I	C	I	T		A	V	O	W
	B		V		A		E		P		A	
C	E	R	E	A	L		D	W	E	L	L	S

98

	S		P		D		S		S		S	
L	A	D	I	D	A		W	H	E	E	L	S
	D		E		C		I		G		O	
O	D	D	S		A	U	T	O	M	A	T	E
	E		P		C		E		E		S	
K	N	O	W	N	O	T	H	I	N	G		
	S		R				T				A	
		M	E	T	A	P	H	Y	S	I	C	S
	S		T		R		I				Q	
S	H	O	C	K	I	N	G		H	O	U	R
	A		H		S		H		E		I	
F	R	E	E	Z	E		E	F	F	O	R	T
	E		D		N		R		T		E	

99

P		S		M			C		C		V	
A	P	P	L	I	E	D		A	N	O	D	E
T		A		N		I		U		M		T
H	E	N		D	E	S	I	G	N	E	R	S
E			E		C		H		T			
T	I	R	E	D		R	E	T	I	R	E	S
I		O		E		E		U		O		
C	O	U	G	H	U	P		C	R	E	A	M
		T		A		A		A				E
P	A	I	N	T	I	N	G	S		C	O	B
I		N		R		C		U		O		O
T	H	E	M	E		Y	E	A	R	N	E	D
H		S		D			L		S		Y	

100

A	B	I	D	E		A	I	R	M	A	I	L
	R		A		D		N		E		N	
Y	O	U	N	G	E	S	T		D	U	D	E
	W		C		V		E		A		E	
I	N	V	I	T	E		R	E	L	A	X	
		N		L		F		F				
T	W	I	G		O	R	E		V	A	S	E
	A		P		R		I					
T	O	T	E	M		E	N	S	I	G	N	
	C		U		E		N		I		E	
P	H	A	T		N	E	C	K	B	A	N	D
	E		O		T		E		L		I	
A	D	D	R	E	S	S		C	E	L	E	B

101

V	E	R	B		M	O	D	E	R	A	T	E
	L		U		A		R		E		I	
A	S	S	I	G	N		A	M	U	S	E	S
	E		L		G		S		S			
S	W	A	T		O	N	T	H	E	W	A	Y
	H		I		I				D			
R	E	I	N	F	O	R	C	E	M	E	N	T
	R			B			A		A			
D	E	S	E	R	V	E	D		T	O	U	T
		X		I		O		C		S		
D	O	M	I	N	O		E	C	H	O	E	S
	U		L		U		R		E		A	
A	T	H	E	I	S	T	S		S	U	M	O

102

S	T	R	E	E	T	S		U	S	U	A	L
	H		X		R		F		U		G	
P	R	A	C	T	I	T	I	O	N	E	R	S
	O		H		A		E				E	
E	A	T	A	B	L	E	S		M	I	E	N
	T		N				T		I		D	
		I	G	N	O	R	A	N	C	E		
	M		E		D			R			S	
P	A	D	S		D	I	S	P	O	S	A	L
	R			I		P		W			I	
T	R	A	D	I	T	I	O	N	A	L	L	Y
	O		Y		Y		T		V		E	
S	W	E	E	T		A	S	C	E	N	D	S

Solutions

103

	I	I		F		S		C		S	
S	C	A	M	P	I		A	D	O	P	T	S
	E		P		A		M		N		A	
A	C	E	S		S	H	O	R	T	A	G	E
	O			C		S		E		Y		
P	L	A	C	E	O	F	A	R	M	S		
	D		H					P			C	
		D	E	C	L	A	R	A	T	I	O	N
	S		E		A		A			R		
U	P	G	R	A	D	E	D		B	U	D	S
	E		F		D		I		L		I	
N	A	T	U	R	E		O	N	E	D	A	Y
	K		L		R		S		W		L	

104

A		H	F			D		C		B
P	R	E	V	I	E	W		R	U	L	E	R
P		C	N		I		Y		E		A	
E	L	K		E	N	T	E	R	T	A	I	N
A			S		H		U		R		
R	E	F	I	T		D	A	N	G	E	R	S
E		L		R				R		S		I
D	R	A	C	H	M	A		F	E	T	I	D
		B		O		W		I				E
L	I	B	E	R	T	I	E	S		C	A	W
I		I		D		N		C		H		A
V	A	L	U	E		G	R	A	V	I	T	Y
E		Y		S			L		T		S

105

A		M		G		G		B		L		R
G	E	N	E	R	A	L		E	L	I	T	E
A		E		U		U		W		S		V
T	I	M	E	D		E	X	A	M	P	L	E
E		O		G			R					N
	I	N	T	E	R	P	R	E	T	I	N	G
D		I			E				N			E
E	S	C	A	P	E	C	L	A	U	S	E	
T			O			F		P			S	
R	E	N	E	W	E	D		F	R	E	A	K
A		E		D		E		A		C		I
C	R	A	Z	E		B	U	I	L	T	U	P
T		R		R		T		R		S		S

106

S	T	E	A	K		I	D	I	O	T	I	C
	R		N		G		I		G		M	
C	O	N	T	R	O	L	S		L	U	M	P
	O		L		V		C		E		O	
A	P	I	E	C	E		O	L	D	E	R	
		R		R		N		I			E	
T	H	I	S		N	E	T		S	I	L	O
	A			M			I		E			
	S	L	O	P	E		N	O	T	I	M	E
	B		M		N		U		T		A	
M	E	T	E		T	H	E	O	L	O	G	Y
	E		G		A		D		E		I	
E	N	T	A	I	L	S		E	D	I	C	T

107

H	A	R	P	O	O	N		S	A	M	B	A
	L		O		N		A		L		E	
B	U	I	L	D	I	N	G	B	L	O	C	K
	M		I		O		R				O	
I	N	S	T	A	N	C	E		S	U	M	P
	A		I			E		E		E		
		A	C	C	E	S	S	I	N	G		
	D		A		S			S		E		
J	A	I	L		C	O	L	L	A	P	S	E
	S			R		O		T		T		
C	H	R	O	N	O	L	O	G	I	C	A	L
	E		D		W		S		O		T	
I	S	L	E	T		P	E	N	N	I	E	S

108

S	P	O	T		P	E	T	I	T	I	O	N
	O		R		A		Y		H		W	
E	S	S	A	Y	S		P	A	R	E	N	T
T		I		H		H		O			
S	P	I	N		A	T	O	M	B	O	M	B
O		E				O					A	
I	N	C	R	I	M	I	N	A	T	I	N	G
E			E				R		I		
E	D	U	C	A	T	E	S		I	N	F	O
		H		H		I		P		E	
I	N	D	I	G	O		G	A	L	O	S	H
	I		M		D		N		E		T	
E	X	P	E	N	S	E	S		T	O	O	L

109

L		R		D		E		O		S
D	E	V	I	S	E		R	E	M	O	T	E
G		F		S		R		N		E
M	A	S	T		I	M	A	G	I	N	E	D
L			G		N		V		D
E	L	I	M	I	N	A	T	I	O	N
Y		I			R		A
	A	S	O	P	P	O	S	E	D	T	O
A		R		A		R		H
E	X	C	E	E	D	E	D		S	O	L	E
I		A		D		E		O		E
H	A	N	D	L	E		A	U	D	I	T	S
L		S		D		L		A		E

110

	F	O	R	L	O	R	N	H	O	P	E
W		L		I		A		O		O		T
I	N	D	E	P	E	N	D	E	N	T	L	Y
N			S		D		S		P		P
D	U	R	A	T	I	O	N		D	O	N	E
Y		E		I		M		D		U		D
	F	A	N	C	Y		T	I	A	R	A
S		S		K		C		S		R		O
M	O	S	T		C	R	E	A	T	I	N	G
E		U		B		A		G				L
A	E	R	I	A	L	W	A	R	F	A	R	E
R		E		S		L		E		N		S
	A	S	S	E	S	S	M	E	N	T	S

111

F	S	T	O	P		F	I	L	B	E	R	T
	T		U		E		N		I		E
C	O	N	T	E	X	T	S		N	A	V	Y
R		W		C		T		D		I
S	M	O	O	T	H		R	A	I	D	S
		R		A		U			E
G	R	I	N		N	I	M		T	O	S	H
E			G		E		R
	F	R	O	Z	E		N	E	A	R	L	Y
R		F		A		T		C		U
R	E	E	F		B	L	A	C	K	I	C	E
S		E		L		L		E		R
S	H	O	R	T	E	N		O	D	D	E	R

112

C	O	S	M	I	C		F	I	T	T	E	D
	P		E		O		O		R		R
W	E	B	S		M	A	R	Z	I	P	A	N
N		S		P		T		V		S
P	O	L	Y	M	A	T	H		I	B	E	X
U			R		E		A
S	T	R	A	T	A		P	U	L	S	E	S
	L		T		R		N
O	V	A	L		I	N	E	D	I	B	L	E
	I		O		V		S		M		A
A	N	Y	W	H	E	R	E		P	A	R	E
	Y		E		L		N		E		G
G	L	A	D	L	Y		T	A	L	K	E	D

113

I	M	M	E	N	S	E		S	C	A	L	E
	A		X		A		E		U		I
D	I	R	E	C	T	C	U	R	R	E	N	T
	L		C		I		R				E
S	E	Q	U	E	N	C	E		X	R	A	Y
	D		T			K		Y		R
		S	I	M	I	L	A	R	L	Y
P		V		N				O		A
H	E	R	E		S	H	I	P	P	I	N	G
A			U		N		H		N
I	N	T	H	E	R	E	G	I	O	N	O	F
U		U		E		O		N		Y
A	T	O	M	S		A	T	H	E	I	S	M

114

F		C		M		V		A		O		T
I	S	O	L	A	T	E		L	A	R	G	E
R		N		S		A		P		C		E
M	O	C	H	A		L	I	A	I	S	O	N
S		E		L				C				A
	B	R	E	A	T	H	T	A	K	I	N	G
S		T				U				N		E
T	H	O	R	O	U	G	H	F	A	R	E
A				B				I		E		C
T	O	T	A	L	L	Y		D	I	T	C	H
I		W		I		U		G		U		O
O	W	I	N	G		C	L	E	A	R	E	R
N		N		E		K		T		N		D

115

E	P	I	C		A	N	N	U	A	L	L	Y
R		R		L		I		T		E		
S	E	C	U	R	E		M	A	L	L	E	T
F		C		P		B		A				
Y	E	T	I		H	E	L	M	S	M	A	N
R		A		E		B						
P	R	O	L	I	F	E	R	A	T	I	O	N
E				A		R		L				
A	D	V	A	N	C	E	S		A	X	I	S
		U		U		A		I		T		
B	A	R	R	E	L		T	E	N	N	I	S
R		A		T		Y		E		O		
E	M	P	L	O	Y	E	R		D	I	N	G

116

C	A	M	P	S		O	B	S	C	U	R	E
	T		O		U		A		O		E	
C	O	M	M	U	N	A	L		B	U	F	F
	L		P		A		L		R		I	
A	L	M	O	S	T		A	G	A	I	N	
			U		T		N				E	
I	R	I	S		A	D	D		L	A	S	H
	E			I		C		O				
	S	P	U	R	N		H	E	A	R	T	S
	O		M		A		A		T		H	
D	R	U	B		B	R	I	G	H	T	E	R
	T		R		L		N		E		R	
E	S	T	A	T	E	S		A	S	K	E	D

117

	O		S		V		P		D		B	
I	N	V	A	D	E		A	B	U	S	E	D
	T		I		N		E		S		I	
S	H	O	D		D	E	L	E	T	I	N	G
E			O		L		B		G			
A	G	E	O	F	R	E	A	S	O	N		
	O		V				W			A		
	M	E	T	E	O	R	O	L	O	G	Y	
R		R		X		I				I		
C	O	R	R	E	C	T	S		J	U	T	S
B		O		E		K		U		A		
T	O	D	D	L	E		E	I	G	H	T	H
T		E		D		D		S		E		

118

P		L		R			F		K		G	
O	C	A	R	I	N	A		I	N	N	E	R
R		I		P		P		L		I		I
T	O	N		P	O	P	U	L	A	T	E	D
R		E		R		E		T				
A	C	T	E	D		O	U	T	L	I	N	E
I		E				A		N				X
T	R	A	F	F	I	C		A	N	G	L	E
		S		O		H		M				R
S	U	P	E	R	V	I	S	E		A	R	C
A		O		G		N		N		P		I
P	R	O	S	E		G	O	D	D	E	S	S
S		N		T			S		D		E	

119

A	D	V	E	R	T	S		H	A	R	D	Y
	R		C		E		S		I		O	
C	O	N	C	E	P	T	U	A	L	I	Z	E
	G		E		E		I				E	
F	U	N	N	I	E	S	T		N	U	N	S
	E		T				E		E		S	
		B	R	I	N	G	D	O	W	N		
	L		I		A			C		F		
T	O	R	C		T	E	E	T	O	T	A	L
	W		I		E		M		I		L	
H	E	A	D	O	V	E	R	H	E	E	L	S
	S		O		E		I		R		E	
U	T	T	E	R		P	E	R	S	O	N	S

120

A	S	T	H	M	A		S	T	R	O	L	L
	C		A		P		I		E		I	
B	R	A	T		P	U	G	I	L	I	S	T
	O		E		R		N		A		T	
G	L	A	D	I	O	L	I		T	E	S	T
	L				P		F		E			
I	S	O	M	E	R		I	N	D	U	C	E
			I		I		C				E	
A	P	E	S		A	W	A	R	D	I	N	G
	U		T		T		N		E		T	
B	R	O	A	D	E	S	T		L	A	R	K
	G		K		L		L		T		A	
M	E	R	E	L	Y		Y	E	A	R	L	Y

Solutions

121

```
E D I F Y . J A C K E T S
. U . L . E . L . O . R .
I N F O R M A L . A V E R
. C . R . A . O . L . K .
B E N I G N . F R A N K .
. . S . C . A . E . T . .
S P I T . I N S . F O R T
. S . P . U . A . . . . .
. Y U C C A . D I L A T E
. C . A . T . D . L . A .
C H A R . I N E F F E C T
I . O . O . N . O . K . .
S C A L I N G . B R U S H
```

122

```
. B . P . C . C . T . C .
D E T A C H . A L I G H T
. S . L . E . M . R . O .
A T O M . E M P H A S I S
. M . S . U . M . R . . .
P A R T N E R S H I P . .
. N . R . . . S . S . . .
. . S U P E R F L U O U S
T . S . F . O . . N . . .
W A S T E F U L . P U R L
. S . I . E . L . E . I .
E T H N I C . O B S E S S
. E . G . T . W . T . E .
```

123

```
S . C . A . A . M . L . E
C R O S S E D . I C I N G
O . N . W . D . S . N . O
U N C L E . S U S P E C T
T . E . L . E . . . I . .
. C A L L T H E S H O T S
C . L . E . . . V . T . .
A B S E N T M I N D E D .
S . . A . . O . R . C . .
C H A T T E D . B A S I L
A . I . I . R . O . T . O
D U M B O . U N D R E S S
E . S . N . G . Y . P . E
```

124

```
S P A R . S I G H T I N G
E . I . C . U . R . U . .
G R I P E R . I G U A N A
S . I . A . D . S . . . .
F E R N . P R I N T O U T
C . T . N . . N . N . . .
A U T O B I O G R A P H Y
T . N . . . D . E . . . .
R E Q U E S T S . V O L T
. N . U . O . I . P . . .
B R U T A L . U N S A F E
A . I . T . L . E . U . .
E N C L O S E S . R U L E
```

125

```
S . T . B . . G . E . A .
T O R P E D O . L E A R N
R . A . E . S . O . R . T
A L P . F A C E V A L U E
I . . E . I . E . I . . .
G U A R D . L I S T E N S
H . C . L . . S . U . . .
T O C C A T A . O U T E R
. E . T . T . B . . P . .
R E P U L S I V E . B A R
E . T . A . O . Y . U . I
A V E R S . N E E D L E S
P . D . T . . D . K . E .
```

126

```
O S T R I C H . S P E W S
. C . A . R . K . A . A .
C O N T R A D I C T O R Y
. R . I . W . D . . M . .
S C R O L L E D . H O E D
. H . N . . E . I . D . .
. . C A N D I D A T E . .
. C . L . E . . . O . N .
N O N E . A S S O R T E D
. A . . L . P . M . W . .
C R O S S E X A M I N E D
. S . E . R . D . S . S .
H E F T Y . D E N S I T Y
```

127

```
·  A  E  P  ·  M  A  ·  Z  ·  ·  ·  ·
E  N  Z  Y  M  E  ·  A  S  L  E  E  P
·  G  ·  E  B  ·  D  ·  L  ·  R  ·  ·
T  R  O  D  ·  B  A  C  H  E  L  O  R
·  I  ·  L  A  ·  Y  ·  ·  ·  S  ·  ·
S  E  L  F  R  E  S  P  E  C  T  ·  ·
·  R  ·  R  ·  ·  A  ·  ·  ·  W  ·  ·
·  ·  L  E  G  I  S  L  A  T  I  O  N
S  ·  Q  ·  D  ·  I  ·  ·  ·  R  ·  ·
A  C  Q  U  A  I  N  T  ·  N  U  K  E
I  ·  E  ·  O  ·  T  ·  E  ·  E  ·  ·
H  O  R  N  E  T  ·  L  U  X  U  R  Y
N  ·  T  ·  S  ·  ·  E  ·  T  ·  S  ·
```

128

```
G  ·  L  ·  S  ·  G  ·  G  T  ·  B  ·
R  E  A  L  I  Z  E  ·  A  M  U  S  E
O  ·  N  ·  G  ·  N  ·  R  B  ·  L  ·
W  I  D  T  H  ·  T  O  R  N  A  D  O
S  ·  S  T  ·  ·  E  ·  ·  N  ·  ·  ·
·  C  L  O  S  E  F  I  T  T  I  N  G
D  I  ·  ·  A  ·  ·  ·  L  S  ·  ·  ·
I  M  P  E  N  E  T  R  A  B  L  E  ·
S  ·  ·  E  ·  ·  S  ·  U  ·  P  ·  ·
R  E  T  U  R  N  S  ·  P  A  S  T  E
U  E  ·  V  L  ·  E  ·  ·  I  ·  S  ·
P  E  A  C  E  ·  U  N  C  L  O  A  K
T  R  ·  S  M  ·  ·  T  ·  N  ·  Y  ·
```

129

```
P  U  B  L  I  C  ·  G  I  N  G  E  R
·  P  ·  I  ·  O  R  ·  O  ·  P  ·  ·
A  G  O  G  ·  M  A  I  N  T  A  I  N
·  R  ·  H  P  ·  N  ·  I  ·  C  ·  ·
B  A  C  T  E  R  I  A  ·  C  O  S  H
·  D  ·  ·  E  N  ·  E  ·  ·  ·  ·  ·
S  E  A  R  C  H  ·  D  O  D  G  E  R
·  ·  E  E  B  ·  ·  A  ·  ·  ·  ·  ·
C  H  I  C  ·  N  E  E  D  L  E  S  S
Y  ·  R  S  A  ·  ·  A  ·  A  ·  I  ·
P  E  C  U  L  I  A  R  ·  D  E  E  D
N  ·  I  ·  V  ·  I  ·  L  ·  ·  S  ·
R  A  T  T  L  E  ·  T  R  E  A  T  Y
```

130

```
H  E  R  B  ·  W  O  N  D  R  O  U  S
·  M  E  ·  I  ·  I  ·  E  ·  ·  K  ·
H  O  U  S  E  D  ·  R  U  S  H  E  S
·  T  ·  P  ·  O  V  ·  I  ·  ·  ·  ·
C  I  A  O  ·  W  E  A  K  N  E  S  S
O  ·  K  ·  N  ·  ·  ·  ·  ·  ·  A  ·
U  N  D  E  R  G  R  A  D  U  A  T  E
A  ·  ·  U  ·  ·  N  ·  ·  ·  ·  I  ·
C  L  E  A  N  E  S  T  ·  H  U  S  H
·  L  S  ·  A  ·  E  ·  ·  ·  ·  F  ·
A  C  T  O  R  S  ·  T  R  A  G  I  C
A  N  ·  E  T  ·  ·  ·  R  ·  E  ·  ·
F  R  I  E  N  D  L  Y  ·  D  U  D  S
```

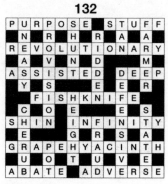

131

```
C  ·  A  ·  A  ·  ·  M  ·  F  ·  B  ·
A  L  G  E  B  R  A  ·  A  V  A  I  L
L  ·  E  U  D  ·  Y  ·  I  ·  ·  O  ·
C  O  D  ·  S  Y  M  P  H  O  N  I  C
U  ·  E  ·  I  ·  E  ·  T  ·  ·  ·  ·
L  I  F  T  S  ·  N  U  M  B  E  R  S
U  ·  O  ·  I  ·  ·  ·  S  ·  ·  U  ·
S  Q  U  A  R  E  S  ·  P  U  T  T  S
·  R  ·  A  ·  T  ·  ·  R  ·  ·  P  ·
I  N  T  E  R  F  E  R  E  ·  B  E  E
L  ·  E  ·  I  ·  R  ·  F  U  ·  N  ·
L  I  E  I  N  ·  S  T  I  R  R  E  D
S  ·  N  ·  G  ·  ·  ·  X  ·  Y  S  ·
```

132

```
P  U  R  P  O  S  E  ·  S  T  U  F  F
·  N  ·  R  H  ·  R  ·  A  ·  A  ·  ·
R  E  V  O  L  U  T  I  O  N  A  R  Y
·  A  ·  V  ·  N  ·  D  ·  ·  M  ·  ·
A  S  S  I  S  T  E  D  ·  D  E  E  P
·  Y  ·  S  ·  ·  E  ·  E  ·  R  ·  ·
·  ·  F  I  S  H  K  N  I  F  E  ·  ·
·  C  ·  O  ·  E  ·  ·  ·  E  ·  S  ·
S  H  I  N  ·  I  N  F  I  N  I  T  Y
E  ·  ·  G  ·  R  ·  S  ·  ·  ·  A  ·
G  R  A  P  E  H  Y  A  C  I  N  T  H
U  ·  O  ·  T  ·  U  ·  V  ·  ·  E  ·
A  B  A  T  E  ·  A  D  V  E  R  S  E
```

133

134

135

136

137

138

139

F	A	R	M		A	B	N	O	R	M	A	L
	D		A		I		O		E		L
B	O	A	R	D	S		W	A	S	T	E	D
	R		I		L		H		E	
K	N	I	T		E	L	E	C	T	I	O	N
	M		A				R		W
H	E	A	L	T	H	Y	E	A	T	I	N	G
	N			A			O		E
S	T	A	M	P	I	N	G		D	O	R	Y
		A		R		A		D		S
M	Y	S	T	I	C		F	I	L	T	H	Y
	I		T		U		F		E		I
U	N	S	E	T	T	L	E		R	O	P	Y

140

A		G		D			P		C		T
S	T	R	A	I	N	S		H	E	L	L	O
I		O		S		U		O		O		N
T	O	G		M	E	G	A	B	Y	T	E	S
W			A		G		I		H
E	A	S	E	L		E	R	A	S	I	N	G
R		C		S			S		N		Y
E	L	I	T	I	S	T		A	N	G	E	R
	E		N		I		S			A
C	O	N	S	C	I	O	U	S		J	E	T
U		C		U		N		U		O		O
S	T	E	E	R		S	I	M	P	L	E	R
P		S		S			E		T		Y

141

P		R		L		F		C		M		B
O	V	E	R	A	L	L		O	V	A	T	E
E		T		Y		I		R		G		A
T	E	R	S	E		P	R	O	J	E	C	T
S		I		R			N			I
	D	E	E	S	C	A	L	A	T	I	O	N
C		V			D			G		G
A	G	E	O	F	C	O	N	S	E	N	T
R			I		C			O		S
A	L	M	A	N	A	C		H	O	R	D	E
M		A		G		O		O		A		N
E	L	U	D	E		D	R	O	W	N	E	D
L		L		R		A		L		T		S

142

	D		C		S		S		P		J
R	E	S	O	R	T		P	O	R	T	E	R
	P		A		A		E		A		W
P	O	U	T		B	R	A	N	C	H	E	S
	S			L		K		T		L
C	I	T	I	Z	E	N	S	H	I	P
	T		M				C		M
	P	A	R	E	N	T	H	E	S	E	S
I		G		N		I			N
I	N	S	I	S	T	E	D		F	A	D	S
E		N		I		I		A		I
A	P	P	E	A	R		E	X	T	E	N	T
T		S		E		S		S		S		G

143

M	U	S	E	U	M	S		A	B	U	S	E
	T		M		O		A		E		I
C	O	M	P	A	T	I	B	I	L	I	T	Y
	P		I		I		J			U
A	I	R	R	I	F	L	E		C	O	P	Y
	A		I			C		O		S
		A	C	C	E	P	T	I	N	G
	M		A		A			F		D
T	E	L	L		S	U	B	S	I	D	E	D
	T			I		Y		D		G
C	H	A	N	G	E	O	F	H	E	A	R	T
	O		U		R		A		N		E
A	D	O	B	E		B	R	O	T	H	E	R

144

S	P	A	C	E			S	T	U	F	F	E	D
	R		U		B		O		R		N
T	O	L	E	R	A	N	T		O	U	C	H
	N		B		L		A		C		O
R	E	T	A	I	L			L	I	K	E	D
			L		P		I			E
C	U	R	L		O	F	T		H	O	S	T
	N			I		A		O
C	O	L	O	N		R	E	P	E	A	T
	L		A		T		I		E		U
B	A	I	T		P	L	A	T	F	O	R	M
	S		I		E		N		U		A
O	P	E	N	I	N	G		S	L	A	S	H

145

E	V	E	S			G	R	A	F	F	I	T	I
	E		T		R		C		R		A		
E	S	C	A	P	E		E	Q	U	A	T	E	
	T		U		B		T		M				
L	I	O	N		E	X	A	M	P	L	E	S	
	B		C			T				X			
B	U	S	H	T	E	L	E	G	R	A	P	H	
	L		X			E		L					
D	E	M	E	N	T	E	D		L	O	O	P	
		N		R		A		Y		S			
B	A	N	A	N	A		R	A	I	S	I	N	
	I		C		C		E		N		V		
I	M	I	T	A	T	E	D		G	O	E	S	

146

E		S		M			C		A		D
D	O	C	T	O	R	S		E	A	T	E	R
I		A		N		T		N		T		A
T	O	M		T	H	R	U	S	T	I	N	G
I			H		E		U		T			
O	M	E	N	S		A	S	S	A	U	L	T
N		S		M			D		V			
S	A	T	C	H	E	L		A	R	E	A	S
	E		A		I		G		C			
C	L	E	A	R	A	N	C	E		F	U	R
O		M		D		E		I		O		E
W	H	E	E	L		D	I	S	E	A	S	E
S		D		Y			T		L		N	

147

	L		S		T		O		A		A
P	E	P	P	E	R		P	O	U	N	D	S
	T		E		I		E		T		M
S	T	E	W		P	E	R	I	O	D	I	C
E		L		A		N		T				
P	R	O	G	R	E	S	S	I	O	N		
S		R		M		A						
	M	U	L	T	I	P	L	Y	I	N	G	
A		M		H		I		C				
A	D	O	P	T	I	N	G		G	A	I	N
D		I		R		E		A		E		
R	E	S	E	N	T		O	O	Z	I	N	G
R		R		Y			N		E		T	

148

F	A	N	B	E	L	T		S	M	O	C	K
	N		R		A		S		O		A	
U	N	F	O	R	G	E	T	T	A	B	L	E
	U		A		E		O				L	
W	A	N	D	E	R	E	R		T	H	U	G
	L		C			M		E		S		
		F	A	L	S	E	S	T	E	P		
	R		S		M			N		C		
M	E	L	T		A	C	T	U	A	L	L	Y
	G			R		R		G		I		
C	I	R	C	U	M	F	E	R	E	N	C	E
	M		O		Y		N		R		H	
D	E	B	T	S		O	D	Y	S	S	E	Y

149

A		R		M		E		O		T		V
D	E	E	M	I	N	G		R	H	I	N	O
E		I		K		G		I		M		L
P	A	N	D	A		S	U	G	G	E	S	T
T		D		D			I				A	
	R	E	C	O	M	M	E	N	D	I	N	G
S		E		U				N			E	
C	A	R	V	I	N	G	K	N	I	F	E	
I			N			O		I		S		
E	X	I	S	T	E	D		T	E	N	T	H
N		M		A		E		I		I		A
C	R	A	C	K		L	O	C	A	T	E	D
E		M		E		L		E		E		E

150

S	T	U	C	K		C	A	M	E	R	A	S
	R		L		N		N		N		C	
C	U	B	E	R	O	O	T		T	A	C	K
	T		A		M		H		E		O	
C	H	A	N	C	E		R	A	R	E	R	
	E			N		O			D			
S	O	U	R		C	A	P		A	P	S	E
	F		L		O		R					
	F	E	L	L	A		L	A	C	K	E	D
	E		A		T		O		H		R	
P	R	A	Y		U	P	G	R	A	D	E	S
	E		U		R		Y		I		C	
A	D	O	P	T	E	D		A	C	U	T	E

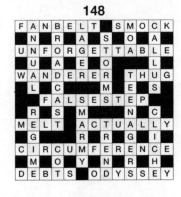

151

G	L	O	B		S	L	I	P	P	E	R	Y
	O		R		E		D		I		O	
I	G	N	O	R	E		Y	E	A	S	T	Y
	I		A		D		L		N			
S	C	U	D		Y	E	L	L	O	W	E	R
	A		E			I			X			
C	L	A	R	I	F	I	C	A	T	I	O	N
	L		I			Y		F				
E	Y	E	S	I	G	H	T		P	U	F	F
		H		H		U		I		I		
P	A	T	E	N	T		R	O	C	O	C	O
Y		E		E		N		A		I		
L	E	C	T	U	R	E	S		L	O	O	M

152

S		D		C			N		V		S
P	S	Y	C	H	E	D		U	N	I	O	N
E		E		R		I		N		C		U
C	A	D		I	N	F	E	C	T	I	N	G
I			S		F		I		N		
F	O	R	U	M		E	R	O	S	I	O	N
I		E		R		R		T		O	
C	O	M	P	E	T	E		B	U	Y	E	R
	I		X		N		A		T		
F	A	N	T	A	S	T	I	C		N	A	H
A		D		L		L		K		O		E
C	H	E	S	T		Y	O	U	N	G	E	R
E		R		S			P		O		N

153

I	N	S	T	E	A	D		S	P	I	C	E
	A		H		C		A		A		R	
B	I	T	E	T	H	E	B	U	L	L	E	T
	L		M		E		I			A	
R	E	L	E	A	S	E	D		A	N	T	S
	D		P			E		C		E	
	S	A	R	C	A	S	T	I	C		
C		R		E			D		K	
H	A	R	K		L	A	U	G	H	T	E	R
N			L		L		O		T	
B	Y	A	L	L	A	C	C	O	U	N	T	S
O		I		R		E		S		L	
I	N	A	P	T		O	R	D	E	R	E	D

154

	L		O		F		D		L		S
K	E	E	P	T	O		E	X	I	S	T	S
	N		U		U		T		G		O
A	G	E	S		R	E	A	D	A	B	L	E
T		T		I		M		E		
S	H	A	R	E	H	O	L	D	E	R	
Y		A			N		I		
	S	T	I	P	U	L	A	T	I	N	G
E		I		A		A		T		
E	N	F	O	R	C	E	D		P	L	O	D
J		N		K		L		U		U	
D	O	N	A	T	E		E	N	L	A	C	E
Y		L		T		S		L		H

155

D	R	O	W	N		U	P	D	A	T	E	S
	E		E		P		R		P		N	
G	R	A	D	U	A	T	E		P	O	M	P
	U		D		R		C		L		A
I	N	S	I	S	T		O	P	E	N	S
		N		I		N			S	
B	R	I	G		C	U	D		S	P	E	D
	E			I		I		E		
	S	T	U	M	P		T	R	A	C	E	S
	E		M		A		I		F		A
C	R	A	B		T	H	O	R	O	U	G	H
V		E		E		N		O		E	
D	E	G	R	A	D	E		A	D	O	R	E

156

S	P	A	S		B	L	A	C	K	O	U	T
	R		U		U		C		R		S
F	O	R	C	E	D		H	O	O	K	E	D
	D		C		G		I		N		
G	U	R	U		E	L	E	V	A	T	E	D
	C		M			V			X		
H	E	E	B	I	E	J	E	E	B	I	E	S
	R			X			E		R	
A	S	S	E	R	T	E	D		A	R	C	S
		M		R		I		N		I	
E	D	I	B	L	E		G	O	B	U	S	T
U		E		M		I		A		E	
D	E	A	D	H	E	A	T		G	I	S	T

Solutions

157

T	S	W			D	B	E
R	E	P	L	I	C	A	
I		A	N		B	A	S
G	E	N		D	E	R	I
G			O		A	O	M
E	L	B	O	W		C	A
R		R			A		N
S	H	O	U	T	E	D	
	W		A		A	R	
D	I	S	T	U	R	B	E
E		I		G	R	E	U
N	I	N	T	H		A	C
T		G		T			S

REPLICA · REARM · DERIGUEUR · ELBOW · CANCELS · SHOUTED · OFTEN · DISTURBED · FAN · NINTH · ACRONYM

158

A	I		P	E		Y		H		S
C	O	N	C	E	R	N		E	X	A
N		S		O		D		S		L
E	A	T	U	P		S	Y	M	P	T
D		I		L			A			I
	U	N	R	E	A	S	O	N	A	B
S		C			P			E		S
E	X	T	R	A	V	A	G	A	N	C
L		T			U		O			P
F	L	A	S	H	E	S		T	I	M
I		U		O		E		H		I
S	E	R	U	M		P	H	O	E	N
H		A		E		T		R		G

CONCERN · EXALT · EATUP · SYMPTOM · UNREASONABLE · EXTRAVAGANCE · FLASHES · TIMER · SERUM · PHOENIX

159

S	T	U	P	I	D		M	E	A	S	L	Y
	E		L		A		U		W		I	
S	A	G	A		U	N	L	I	K	E	L	Y
	C		I		G		T		W		A	
S	H	A	N	G	H	A	I		A	R	C	H
	E				T		C		R			
P	S	Y	C	H	E		U	N	D	U	L	Y
		R		R			L				E	
I	S	P	Y		I	N	T	H	E	A	I	R
	P		S		N		U		L		S	
P	R	A	T	T	L	E	R		D	R	U	M
	E		A		A		A		E		R	
F	E	L	L	O	W		L	A	R	G	E	R

STUPID · MEASLY · SAGA · UNLIKELY · SHANGHAI · ARCH · PSYCHE · UNDULY · ISPY · INTHEAIR · PRATTLER · DRUM · FELLOW · LARGER

160

	S	M	A	L	L	C	H	A	N	G	E	
A		I		I		Y		G		U		I
M	A	N	U	F	A	C	T	U	R	I	N	G
B			E		L		E		D			L
E	I	G	H	T	E	E	N		V	E	T	O
R		E		I		S		O		L		O
	E	N	E	M	Y		S	P	O	I	L	
S		T		E		I		E		N		G
H	A	L	F		S	C	A	R	C	E	L	Y
O		E		F		I		A				P
C	O	M	P	L	I	C	A	T	I	O	N	S
K		E		E		L		E		A		Y
	U	N	N	E	C	E	S	S	A	R	Y	

SMALLCHANGE · MANUFACTURING · EIGHTEEN · VETO · ENEMY · SPOIL · HALF · SCARCELY · COMPLICATIONS · UNNECESSARY

161

	V		O		R		W		M		D	
V	I	A	B	L	E		I	M	A	G	E	S
	S		O		F		S		E		L	
H	I	R	E		O	V	E	R	S	E	A	S
	T		R		R		S		T		Y	
C	O	N	S	U	M	P	T	I	O	N		
	R		C				S				R	
		C	O	L	D	B	L	O	O	D	E	D
	T		R		R		E				C	
S	Y	M	P	T	O	M	S		F	I	L	E
	I		I		V		S		E		A	
I	N	J	O	K	E		E	N	T	A	I	L
	G		N		R			R		E		M

VIABLE · IMAGES · HIRE · OVERSEAS · CONSUMPTION · COLDBLOODED · SYMPTOMS · FILE · INJOKE · ENTAIL